Dr. Michelle HAINTZ

Das AFFRAGEN ORAKEL Buch

Prozess-orientierte Fragen
als Lebensbegleiter
zur Potenzialentfaltung,
Bewusstseinserweiterung
und SEELEN-Resonanz

© 2023 Alle Rechte vorbehalten

Rechtliche Hinweise
Die Verwertung der Texte und Bilder, auch auszugsweise, ist ohne Zustimmung des Angelina Schulze Verlags urheberrechtswidrig und strafbar. Dies gilt auch für Übersetzungen, Vervielfältigungen, Mikroverfilmung und für jegliche Art von Verarbeitung mit elektronischen Systemen. Als Leserin und Leser dieses Buches möchten wir Dich ausdrücklich darauf hinweisen, dass keine Erfolgsgarantie für die Verwendung der Texte gewährt werden kann. Die Inhalte in diesem Buch spiegeln die Erfahrungen von Dr. Michelle Haintz wider. Der Verlag und die Autorin übernehmen auch keinerlei Verantwortung für jegliche Art von Folgen z. B. unerwünschte Reaktionen, Verluste, Risiken, falsch verstandene Texte oder Anwendungen. Diese Veröffentlichung wurde nach bestem Wissen erstellt. Sollten Inhalte dieses Buches gegen geltende Rechtsvorschriften verstoßen, dann bitten wir Dich um eine Benachrichtigung, um die betreffenden Inhalte schnellstmöglich zu bearbeiten bzw. zu entfernen.

Bibliographische Information der Deutschen Nationalbibliothek
Die Deutsche Nationalbibliothek verzeichnet diese Publikation in der deutschen Nationalbibliographie; detaillierte bibliographische Daten sind im Internet über http://dnb.d-nb.de abrufbar.

Autor des Buches: © Dr. Michelle HAINTZ
dr.michelle.haintz@aon.at

Layout und Satz des Buches: Dr. Michelle HAINTZ

Umschlaggestaltung:
© Simone Teresa HANTZ und Angelina SCHULZE

Coverbild: © Dr. Michelle HAINTZ

Verlag: Angelina Schulze Verlag
Am Mühlenkamp 15, 38268 Lengede
verlag@angelina-schulze.com
https://angelina-schulze.com
https://angelina-schulze-verlag.de

Erstveröffentlichung Mai 2014
Neuauflage Mai 2023

ISBN: 978-3-96738-252-5

Inhaltsverzeichnis

Einleitung 6
Ein neues Orakel? 8
Zu den SEELEN-Bildern 10
Zum Konzept der AFFRAGEN: 13
AFFRAGEN und Hirnphysiologie 15
Bewusstheit versus Bewusstsein 26
AFFRAGEN und Herz-Intelligenz 38
ORAKEL, Wegbegleiter bewusster Menschen ... 41
ORAKEL und ihre Geschichte 46
Frag´ Deine linke Hand 53
Endorphine – Deine Glückshormone 60
Weil Humor so wertvoll ist 68
Innehalten 73
Einstimmung auf die Befragung 78
Anfänger-Bewusstheit 83
AFFRAGEN => FRANTWORTEN 85
Anregungen zum AFFRAGEN-Spiel 87
Morgendliche Tages-AFFRAGE 88
Abendliche Bilanz-AFFRAGE 89
3 Zeiten-Orakel 90
6 Fragen-Orakel 92
Zeitlinien-Orakel 96
Beziehungs-Orakel 97
Spiel mit vierundvierzig AFFRAGEN 99

FRANTWORTEN-Beispiele ... 101
Karte 1 ... 102
Karte 2 ... 103
Karte 3 ... 104
Karte 4 ... 105
Karte 5 ... 106
Karte 6 ... 107
Karte 7 ... 108
Karte 8 ... 109
Karte 9 ... 110
Karte 10 ... 111
Karte 11 ... 112
Karte 12 ... 113
Karte 13 ... 114
Karte 14 ... 115
Karte 15 ... 116
Karte 16 ... 117
Karte 17 ... 118
Karte 18 ... 119
Karte 19 ... 120
Karte 20 ... 121
Karte 21 ... 122
Karte 22 ... 123
Karte 23 ... 124
Karte 24 ... 125
Karte 25 ... 126

Karte 26	127
Karte 27	128
Karte 28	129
Karte 29	130
Karte 30	131
Karte 31	132
Karte 32	133
Karte 33	134
Karte 34	135
Karte 35	136
Karte 36	137
Karte 37	138
Karte 38	139
Karte 39	140
Karte 40	141
Karte 41	142
Karte 42	143
Karte 43	144
Karte 44	145
Danksagung!	146
Kontakt zur Autorin	147

Einleitung

Das AFFRAGEN ORAKEL ist ein wertvoller Wegbegleiter und oft auch Wegweiser für all jene, denen Potenzialentfaltung und Bewusstseinserweiterung am Herzen liegen; und denen es wichtig ist, in Resonanz mit ihrer SEELE zu schwingen.

Dazu ist aus meiner Sicht der regelmäßige Dialog mit unserer SEELE, unserem HÖHEREN SELBST, oder wie auch immer Du diesen Aspekt nennen möchtest, wesentlich.

Wenn wir die Botschaften unserer SEELE erkennen und umsetzen, dann erfüllen wir unseren SEELEN-Plan leichter, freudvoller, gesünder, produktiver und zugleich entspannter.

Diese Botschaften finden wir in all den Synchronizitäten, die sich uns in umso größerer Fülle bieten, je bewusster wir leben – und Orakel sind für mich insofern wertvoll, als sie uns helfen, gezielte Fragen an unsere SEELE zu stellen.

Somit dienen sie uns als bewusst provozierte Synchronizitäten, die wir zu jeder Zeit, in jeder Lebenssituation und zu jedem Thema manifestieren können – letztlich auch um spontane Synchronizitäten, mit denen uns unsere SEELE verwöhnt, besser zu verstehen.

Das Besondere am AFFRAGEN ORAKEL ist, dass es hirngerecht funktioniert und Erkenntnisse aus der modernen Hirnphysiologie und Bewusstseinsforschung miteinbezieht, indem es mit Affirmationen in Frageform spielt.

Abgesehen davon regen Fragen Deine Kreativität an; damit wird das Spiel mit dem AFFRAGEN ORAKEL – als Kartendeck oder in Form dieses Buches – quasi als Sekundärgewinn auch Deine Kreativität anregen.

Aber vor allem möchte es auch Deinem inneren Kind Freude bereiten, damit Du es auf Deiner Lebensreise mit im Boot hast.

Eine freudvolle, ja vielleicht sogar begeisterte Stimmung ist die beste Voraussetzung für jeglichen Erfolg – auch den Erfolg im Erkennen und Umsetzen der Impulse Deiner SEELE.

Und genau dazu schenkt Dir Dein inneres Kind Zugang; denn es ist der Persönlichkeitsanteil in Dir, über den Du Zugang zu Deiner Lebensfreude und Begeisterung hast.

Aktuell ist das Kartendeck zu diesem Buch leider vergriffen, aber ich habe vor, es bald wieder herauszubringen...

Macht Dir (und Deinem inneren Kind ☺) dieses Buch Appetit auch auf das zugehörige Kartendeck?

Dann lass es mich bitte wissen!

Ein neues Orakel?

Braucht die Welt tatsächlich noch ein Orakel?

Nun, ich selbst sammle seit vielen Jahren Orakel aller Art – und wenn ich ein neues entdecke, das mein inneres Kind anspricht und mein Herz berührt, dann gönne ich es mir.

Jedes einzelne Kartendeck, jedes Runen-Set, jedes Würfelspiel, jede Fassung des I Ging und jedes anderes Orakel aus meiner Sammlung dient mir zu einer ganz bestimmten Zeit, in einer ganz speziellen Stimmung und in Bezug zu einer jeweils besonderen Fragestellung – oft mehr als alle anderen.

Abgesehen davon bewährt sich für mich die Synopsis aus verschiedenen einander ergänzenden – oft auch sich gegenseitig bestätigenden, ja bestärkenden – Impulse immer wieder aufs Neue.

Und speziell die Kombination des AFFRAGEN ORAKELS mit dem „Dialog der Hände" erweist sich als besonders hilfreich – gerade in intensiven Lebensphasen und anspruchsvollen Zeiten, wie wir sie gerade erleben.

Das AFFRAGEN ORAKEL, für das Du Dich hier in der Buch-Form entschieden hast, gehört nicht zu jenen, die Dir fertige Botschaften anbieten.

Analog dazu biete ich auch in meinen Seminaren und Beratungen mein Wissen, meine Erfahrungen, meine Erkenntnisse und Einsichten nicht in der Art eines Fertiggerichtes an; sondern eher als umfangreiches Wissens-, Erkenntnis- und Erfahrungs-Buffet, von dem sich meine Teilnehmer, Teilnehmerinnen, Klientinnen und Klienten selbst nach eigenem Ermessen und Gusto bedienen können.

Und ähnlich wie in meiner Tätigkeit als Persönlichkeitstrainerin geht es mir auch in diesem Buch zu meinem AFFRAGEN ORAKEL vor allem darum, einen Prozess in Dir anzuregen, der Dich Deine eigenen Antworten finden lässt.

Und sei es auch inspiriert durch meine FRANTWORTEN, aber dazu später mehr...

Mein großes Lebenscredo ist:

"Wir brauchen nicht über uns selbst hinaus zu wachsen, wir sind groß genug. Es reicht, wenn wir in uns selbst hinein wachsen und endlich unsere wahre Größe einnehmen; indem wir damit aufhören, uns selbst kleiner zu machen, als wir sind – aber auch anderen nicht mehr erlauben, uns klein zu machen."

Und genau wie meine Seminare, Bücher und Beratungen möchte Dich dieses spezielle Orakel dazu anregen, in Dich selbst hinein zu wachsen und Deine wahre Größe nicht nur zu erkennen, sondern auch wirklich einzunehmen – indem Du mehr und mehr Dein Potenzial entfaltest.

Dabei werden Dir die prozess-orientierten Fragen, die Du auf jeder dieser Karten findest, als Katalysatoren dienen – ähnlich einem Dünger, der das Wachstum von Pflanzen nur fördern kann; während der eigentliche Wachstumsimpuls der Pflanze innewohnt.

Analog dazu ist dieser natürliche Wachstumsimpuls auch in Dir immanent angelegt und braucht bestenfalls Anregung.

Der Geist, so heißt es, funktioniere wie ein Fallschirm – nur wenn er geöffnet ist. Daher möchte ich Dir ans Herz legen, möglichst offen an dieses AFFRAGEN ORAKEL heranzugehen – öffne Deinen Geist und öffne Dein Herz; denn umso mehr wirst Du von meinen Impulsen profitieren.

Wenn Du nur das Buch hast, dann kannst Du, um eine Karte zu „ziehen", eine beliebige Seite aufschlagen; oder Du wählst intuitiv eine Zahl zwischen eins und vierundvierzig und liest jeweils dort nach.

Zu den SEELEN-Bildern

Auf jeder dieser Karten findest Du eines meiner SEELEN-Bilder in Kombination mit einer – wie ich es nenne – AFFRAGE.

Auch bei meinen SEELEN-Bildern geht es mir um den Menschen; um Bewusstwerdung und Bewusstseinserweiterung in Richtung möglichst weitgehende Entfaltung des in uns angelegten Potenzials.

Aber eine solche Selbstverwirklichung setzt Selbsterkenntnis voraus.

Und in Anlehnung an das „Erkenne Dich Selbst" des Delphischen Orakels habe ich meine SEELEN-Bilder immer schon als eine Art Spiegel angesehen.

Als wertvolle Spiegel, die uns nicht zuletzt auch unseren Schatten reflektieren: jene Persönlichkeitsanteile also, die wir lieber auf andere projizieren, weil wir sie an uns selbst nicht wahrnehmen möchten.

Aber diese Funktion erfüllen sie nur dann, wenn wir uns diesem Prozess öffnen und empfänglich für ihre Botschaften den Dialog mit ihnen aufnehmen.

Eine ähnliche Spiegelung lässt sich ja auch in der Begegnung mit anderen Menschen erkennen; denn alles, was uns an ihrem Verhalten, ihren Reaktionen und Einstellungen stört, möchte uns auf etwas aufmerksam machen, das auch in uns selbst wirksam ist.

Daher ist Begegnung auch immer ein zentrales Thema in meiner Arbeit – die Begegnung zwischen Ich und Du.

Also die Alchimie der Liebe...

Formal gesehen handelt es sich bei diesen Bildern um räumlich gestaltete Acryl-Bilder, deren plastische Form ich zuerst in Ton modelliere und dann in der von mir entwickelten Laminage-Technik nachmodelliere.

Dabei werden kleine Papierblättchen in mehreren Schichten dachziegelartig übereinander geklebt. So ergibt sich aus der bewusst gestalteten Schichtung noch ein weiteres bildnerisches Moment: eine auch greifbare Oberflächentextur.

Die so entstehende Hohlrelief-Plastik wird dann auf Holz aufcachiert, grundiert und farblich gestaltet. Wobei sich auch darin das Schichten-Motiv der Laminage-Technik wiederholt: mehrere Farb-Schichten werden übereinander gelegt.

So erhöht die Farbgebung die Spannung, die sich bereits im Plastischen ergibt: einerseits aus der wechselnden Tiefe der in den Raum tretenden Strukturen; andererseits durch den Wechsel von harten, oft schroffen Kanten mit den weichen und sanft fließenden Formen.

Diese Reliefbilder entstehen großteils in Trance; sind im Prinzip also medial von einer VENUS-assoziierten Geistigen Wesenheit empfangen (oder auch gechannelt) und hier in materieller Form manifestiert.

Diese Wesenheit begleitet mich nun seit der Harmonischen Konvergenz 1987 und lässt neben diesen Bildern auch reichlich sehr hoch schwingendes Text-Material durch mich hindurch fließen.

Auch dieses Textmaterial gibt es teilweise bereits in Buchform: „Galaktisches Liebes-Coaching für DICH" sowie „Galaktische Botschaften für erwachende Sternensaat".

Es liegt wohl an ihrer Genese, dass diese Bilder eine so hohe Energie ausstrahlen: feinfühlige Menschen haben ihre Ausstrahlung teilweise mit weit über 25.000 Bovis gemessen.

Und wenn auch ihre direkte Ausstrahlung stärker sein mag als deren fotografische Wiedergabe, so wirkt auch diese harmonisierend und damit heilsam auf Menschen, die damit in Resonanz schwingen – und sie daher meist auch mögen.

Ich sage bewusst „meist", denn die Erfahrung hat immer wieder gezeigt, dass es auch Menschen gibt, die diese Bilder nicht mögen und dennoch von deren heilsamer Energie profitieren können.

Und wenn Du eine Weile mit diesen Karten – oder den Abbildungen in diesem Buch – spielst, mag Dir vielleicht auffallen, dass sich auch Deine Vorliebe für oder Abneigung gegen bestimmte Bilder aus dieser Serie aus vierundvierzig SEELEN-Bildern verändert.

Abhängig von Deiner Tagesverfassung, Deiner allgemeinen Gestimmtheit und Deinem jeweiligen Energielevel.

Mehr SEELEN-Bilder findest Du auf dieser Homepage:

https://seelenbilder-galerie.de/

Zum Konzept der AFFRAGEN:

Vom Prinzip her sind die AFFRAGEN prozess-orientierte Fragen – Fragen also, bei denen es nicht so sehr auf die verbale Antwort ankommt, als vielmehr auf die mentalen und emotionalen Prozesse, die sie in uns auslösen.

Und weil wir diese spezielle Art von Fragen zugleich auch ähnlich verwenden können wie Affirmationen, hat mein inneres Kind dafür den Begriff AFFRAGEN geprägt.

Mit klassischen Affirmationen behaupten wir ja etwas, was wir noch nicht haben oder sind – was wir aber gerne hätten oder wären.

Und ich weiß nicht, welche Erfahrungen Du mit Affirmationen gesammelt hast – ich habe immer wieder vergeblich versucht, mein Leben mit solchen Behauptungen zum Besseren zu wenden und meine Realität nach meinen Wünschen zu manifestieren.

Für mich waren Fragen immer schon anregender als Behauptungen; und die Hirnphysiologie, mit der ich mich seit vielen Jahren intensiv befasse, gibt mir Recht.

Daher biete ich in all meinen Büchern reichlich Fragen an, um meine Leserschaft zu einem Bewusstseinserweiterungs-Prozess zu inspirieren; der für mich niemals enden wird, so lange ich auf dieser Realitätsebene lebe…

Und ich fand mich in dieser Erfahrung wohltuend bestätigt durch Noah St. John, der in seinem Buch „Erfolg ist kein Zufall" auch anregt, mit Affirmationen in Frageform zu arbeiten – die er als „Afformationen" bezeichnet.

Offenbar hat er ähnliche Erfahrungen mit klassischen Affirmationen gemacht wie ich – und wie viele andere, die mir bestätigt haben, dass es ihnen ähnlich ergangen ist und Affirmationen bei ihnen nicht funktioniert haben.

Wenn Affirmationen für Dich funktionieren, dann bleibe dabei!

Wenn dies jedoch bei Dir so wie bei mir und all jenen, die mir meine enttäuschenden Erfahrungen damit bestätigt haben, nicht der Fall ist, dann empfehle ich Dir, eine Weile bewusst und mit offenem Geist mit AFFRAGEN zu spielen – den hier angebotenen; vor allem aber auch mit Deinen eigenen, zu denen meine Beispiele Dich hoffentlich inspirieren werden.

Allerdings spricht auch nichts dagegen, mit AFFRAGEN zu spielen, wenn Du den Eindruck hast, bisher gute Erfahrungen mit klassischen Affirmationen gemacht zu haben – wer weiß, welche Überraschungen Dich erwarten…

„Das Bessere ist der Feind des Guten", so heißt es doch.

Aber jedenfalls wird Dein inneres Kind ganz sicher Freude am Spiel mit dem AFFRAGEN ORAKEL haben ☺.

AFFRAGEN und Hirnphysiologie

Da ich als ausgebildete Medizinerin immer nach Erklärungen suche für das, was in und mit mir (vor allem auf Hirnebene) passiert – oder auch nicht passiert –, habe ich mir vor Jahren schon Gedanken gemacht, warum klassische Affirmationen bei mir keinen bleibenden Effekt haben.

Und dies obwohl ich sie phasenweise sehr konsequent angewandt habe; weil ich dachte, so viele davon Begeisterte könnten doch nicht alle irren...

Hast Du ähnliche Erfahrungen gemacht wie ich?

Bist Du darüber hinaus ähnlich neuhungrig und wissensdurstig wie ich?

Und hast auch Du die Tendenz, alles zu hinterfragen, anstatt es einfach so anzunehmen, wie es ist – oder wie man Dir sagt, dass es sei?

Dann kann ich Dir hier eine hirnphysiologische Erklärung bieten, warum klassische Affirmationen nicht hirngerecht sind.

Wir haben im Zentrum unseres Gehirns einen entwicklungsgeschichtlich sehr alten Teil: unser Stammhirn oder auch Höhlenmenschen-Gehirn – weil unsere Vorfahren bereits die gleiche Hirnausstattung hatten.

In diesem befindet sich unser Überlebenszentrum, das sofort mit Ablehnung reagiert, wenn wir es mit Neuem konfrontieren.

Neues macht diesem Teil unseres Gehirns Angst – und Angst ist (neben Schmerz und Angst vor Schmerz) ein Kriterium für das, was unbedingt vermieden werden soll, um unser Überleben zu sichern.

Für unsere Vorfahren, die Höhlenmenschen mag dies durchaus sinnvoll gewesen sein; aber für uns ist diese Angst vor Neuem alles andere als gescheit. Denn gerade in unserer

Zeitepoche ist gesunde Flexibilität und eine möglichst entspannte Offenheit für Neues und Neuartiges doch unerlässlich.

Dennoch bestimmt die Angst vor Neuem unser Leben, wenn wir unter Stress stehen – was in unserem Alltag zu 80% der Zeit der Fall ist.

Und der Teufelskreis schließt sich dann, wenn wir ständig mit Neuerungen konfrontiert sind, die uns unter Stress setzen, was uns genau diese vermeiden lässt...

Das heißt – und diese Tatsache ist so wichtig, dass ich sie hier noch einmal wiederholen möchte:

Neues macht uns Stress und Stress lässt uns Neues ablehnen; hindert unser Leben aber nicht daran, uns ständig mit Neuerungen zu konfrontieren...

Daraus erklärt sich eigentlich recht logisch, warum Affirmationen – zumindest für sehr viele Menschen – im Grunde gar nicht funktionieren können; weil es dabei ja um Neues geht, das wir haben oder erreichen wollen.

Was jedoch sehr wohl funktioniert – und wie Du bald erleben wirst, sehr gut und mit Leichtigkeit und vor allem auch Freude daran – sind jene prozess-orientierten Fragen, derer ich Dir einige in diesem AFFRAGEN ORAKEL anbiete.

Fragen empfindet unser Überlebenszentrum nicht als bedrohlich – offenbar waren diese im Leben unserer Vorfahren nicht so präsent und damit wesentlich wie in unserem Leben.

Daher versetzt uns das Spiel mit – wohlgemerkt positiv formulierten! – Fragen auch nicht in Stress und die daraus folgende überspannte Vermeidungshaltung.

Einfach weil unser Überlebenszentrum keine Gefahr wittert und daher keine Veranlassung sieht, panisch einzuschreiten und uns über die Ausschüttung von Stresshormonen auf Kampf oder Flucht vorzubereiten.

Wer allerdings sehr wohl auf AFFRAGEN anspringt, ist unser entwicklungsgeschichtlich jüngster Hirnteil: unsere Gehirnrinde – unser Homo Sapiens Sapiens Gehirn.

Und nein, das zweite „Sapiens" ist kein Schreibfehler, denn es hat schon vor uns einen Homo Sapiens gegeben, über den wir uns hinaus entwickelt haben; und daher haben wir ein zweites „Sapiens" (= „wissend") hinzubekommen.

Unsere Gehirnrinde reagiert auf solche prozess-orientierten Fragen wie ein junger Hund, dem man einen Ball hinwirft: sie stürzt sich darauf, um damit zu „spielen", „sich darüber Gedanken zu machen", sie zu „reflektieren" und sich in entsprechenden Gedanken-Assoziationen zu ergehen.

Das heißt, AFFRAGEN setzen einen intensiven Denkprozess in Gang, bei dem wir uns – teils bewusst, teils aber auch gar nicht mehr bewusst – genau mit dem befassen, was unsere Frage formuliert.

Und dieser Prozess funktioniert eben nur in der Frageform, weil sich bei dieser unser Überlebenszentrum in Sicherheit wiegt.

Aber dieses Hirnareal reagiert nicht nur mit Stress auf Neues, sondern auch auf Unwahres.

Bei unrichtigen Behauptungen wie den klassischen Affirmationen erkennt es die Unwahrheit, wittert aufgrund der inneren Diskrepanz sofort Gefahr und versetzt uns in eine gespannte Abwehrhaltung.

Und das Fatale ist, dass uns dies nicht nur körperlich auf Kampf oder Flucht vorbereitet, sondern darüber hinaus unsere Gehirnrinde durch eine Gefäß-Engerstellung und damit Minder-Durchblutung ausschaltet; sodass diese nicht mehr funktionsfähig ist.

Und dies, obwohl unsere Stressoren eigentlich kaum je Kampf oder Flucht erfordern, sondern Vernunft, klares Denken, kluge Entscheidungen und Kreativität – alles Funktionen unserer höheren mentalen Zentren.

Den Stress, den das Aussprechen einer Unwahrheit in unserem System auslöst, kannst Du ganz leicht auch mit einem kinesiologischen Muskeltest erkennen: während Du etwas sagst, was nicht stimmt, testet Dein ehrlicher Muskel schwach, auch wenn Dir gar nicht unbedingt bewusst ist, dass Du gerade gestresst bist.

Testest Deinen Muskel, während Du Dir Deinen wahren Namen zuordnest, wird er stark testen. Spielst Du dies hingegen mit einem fremden Namen, wird Dein Muskel sofort schwach, weil Dein System die Unwahrheit erkennt und in Stress gerät.

Unter Stress kommt es generell zu einer selektiven Blutumverteilung von der Peripherie ins Zentrum – auf Körperebene werden wir auf Kampf oder Flucht vorbereitet: mit einer Luxus-Durchblutung vor allem der Muskulatur einerseits und andererseits der Drosselung aller im Augenblick von Kampf oder Flucht nicht wesentlichen Funktionen wie der Verdauung, der Sexualfunktion, der Immunabwehr.

Dies war für den Höhlenmenschen sinnvoll, weil seine Stressoren tatsächlich Kampf oder Flucht verlangt haben.

So hatte für ihn beispielsweise die Flucht vor dem Säbelzahntiger allerhöchste Priorität vor der Immunabwehr gegen irgendwelche Bakterien. Andernfalls wären diese nämlich bald nicht mehr das Problem des verfolgten Höhlenmenschen gewesen, sondern das des Säbelzahntigers ☺.

Und wenn ein Säbelzahntiger hinter unserem Vorfahren her war, dann war wohl auch die Verdauung nicht unbedingt Priorität Nummer eins; ebenso wenig wie sexuelle Gelüste oder die Regeneration geschädigter Gewebe...

Aber in unserem Leben ist Kampf oder Flucht kaum je eine adäquate Reaktion auf unsere Stressoren, die generell eher mit unseren höheren Gehirnfunktionen zu bewältigen sind – dazu hat uns die Evolution ja auch damit ausgestattet.

Daher ist die selektive Blutumverteilung von der Peripherie ins Zentrum besonders auf Hirnebene fatal.

Unter Stress übernimmt also unser Überlebenszentrum die Kontrolle und schüttet massiv Stresshormone aus, woraufhin sich die Blutgefäße in unserer Hirnrinde verengen – dadurch haben wir genau jene Geistigen Ressourcen nicht mehr zugänglich, die wir bräuchten, um all die Stressoren zu meistern, mit denen wir uns heutzutage auseinandersetzen müssen.

Wenn Du Dich näher mit dem Thema Stress – seiner Entstehung und seiner Bewältigung – befassen möchtest, dann darf ich Dir mein Buch „Stress abbauen und Stress vermeiden" ans Herz legen.

Wie destruktiv diese durch Stress bedingte Ausschaltung unserer Gehirnrinde (die ja das Stammhirn umhüllt, also in der Peripherie ist) ist, hast Du vielleicht schon am eigenen Leib erfahren: etwa wenn Du in einer Prüfungssituation ein Blackout hattest, wiewohl Du wirklich gelernt hast und das geforderte Wissen eigentlich zur Verfügung haben hättest müssen.

Aber all das angesammelte Wissen, das in Deiner unter Stress ausgeschalteten Gehirnrinde gespeichert war, stand Dir unter dem Prüfungsstress und der daraus resultierenden Minder-Durchblutung Deiner höheren mentalen Zentren einfach nicht mehr zur Verfügung.

Pointiert formuliert könnten wir also auch sagen: Stress macht blöd ☺.

Seit mir das klar wurde, achte ich tunlichst darauf, Stress vor allem in den anspruchsvollen und herausfordernden Situationen meines Lebens zu vermeiden.

Und daher habe ich auch die immer wieder erfolglos versuchten Affirmationen, die mein Überlebenszentrum offenbar ganz und gar nicht schätzt, vor längerem durch die für mich viel wirksameren AFFRAGEN ersetzt.

Was geschieht, wenn Du Dich vor den Spiegel stellst – das wird ja gern empfohlen – und Dir Auge in Auge selbst versicherst, wie erfolgreich Du bist?

Wiewohl Dich Deine gekonnte Selbstsabotage erfolgreich daran hindert?

Meldet sich dann nicht prompt eine Stimme in Deinem Inneren, die Dich mit mehr oder weniger drastischen Worten eines Besseren belehrt?

Diese Stimme kannst Du Deinem inneren Saboteur, Deinem inneren Kritiker, Deinem inneren Antreiber, Deinem Eltern-Ich oder wem auch immer zuordnen.

Frage Dich stattdessen:

„*Warum bin ich so erfolgreich?*"

Oder:

„*Warum fühle ich mich so erfolgreich?*"

Und Du wirst sehen, dass sich dieser Persönlichkeitsanteil nicht weiter darum kümmern wird, weil er Dich bei solchen Fragen nicht wirklich ernst nimmt.

Dein Überlebenszentrum wird also nicht „anspringen", folglich wirst Du nicht in Stress geraten und somit keine Stresshormone ausschütten.

Ergo wird Deine Hirnrinde voll funktionsfähig bleiben und sich wie ein junger Hund auf seinen Spielball stürzen: auf die AFFRAGE – und sich mit kindlichem Ehrgeiz daran machen, möglichst viele Antworten auf diese Fragen zu suchen.

Und diese wohl auch finden – und Du wirst unwillkürlich schmunzeln ☺.

Versuche es einfach einmal!

Genau das kann ich seit längerem mit Wohlgefallen beobachten – übrigens nicht nur bei mir selbst, sondern auch bei all jenen, denen ich dieses Spiel als Ersatz für die auch sie frustrierenden Affirmationen ans Herz gelegt habe.

Wenn sie positiv formuliert werden, lassen uns diese offenen Fragen nicht nur entspannt bleiben, sondern darüber hinaus rufen sie auch noch unser inneres Kind auf den Plan.

Und glaube mir, auch Dein inneres Kind wird freudig „anspringen"!

Denn es mag Fragen, so wie es Rätsel liebt.

Und Dein Überlebenszentrum wird Dich unbeeindruckt gewähren lassen, weil Fragen offenbar nicht zum Stress-Repertoire der Höhlenmenschen gehören.

Aber Vorsicht! Bei negativ formulierten Fragen ist dies ganz anders.

Allerdings bombardieren wir uns in unserem ständig ablaufenden inneren Dialog ja gerade mit diesen:

- ☹ *„Warum habe ich diesen Fehler schon wieder gemacht?"*
- ☹ *„Warum habe ich schon wieder so dumm reagiert?"*
- ☹ *„Warum kann ich den Mund nicht halten?"*
- ☹ *„Warum komme ich immer zu spät?"*
- ☹ *„Warum bin ich so ein Versager?"*
- ☹ *„Warum schaffe ich das nicht?"*
- ☹ *„Warum bin ich so oft krank?"*

Und so weiter und so fort…

Vielleicht möchtest Du auch einmal selbst tief in Dich hineinhorchen und Deinen ganz persönlichen negativen Affirmations-Fragen auf die Spur kommen.

Wie Du mir wohl nachfühlen kannst, sträubt sich alles in mir, diese Form der Selbstsabotage mit meinen aufbauenden AF-FRAGEN in einen Topf zu werfen.

Solche destruktiven Fragen deuten immer eine Abwertung an: eine Kritik, eine Zurückweisung, eine Maßregelung, eine Diskriminierung, ein fatales Sich-klein-Machen.

Und dass dabei unser Überlebenszentrum anspringt und in Panik gerät, wird Dich bei genauerem Hinsehen vermutlich nicht weiter wundern.

Wenn Du übrigens vor einem Spiegel mit den AFFRAGEN spielst, wird Dir sofort auffallen, dass Du unwillkürlich lächeln musst.

Das wird erfahrungsgemäß auch ohne Spiegel der Fall sein, nur mag es Dir dann vielleicht nicht so auffallen wie angesichts Deiner Mimik.

Und dieses Lächeln wird – anders als in der Anwendung klassischer Affirmationen, die Dir bestenfalls ein peinlich berührtes Lächeln entlocken – ein wirklich amüsiertes sein.

Zumindest ist das meine Erfahrung – und ich bin neugierig auf Dein Feedback.

Und das so ausgelöste Lächeln (oder gar Lachen) wird sich durch die Spiegelung noch verstärken – Du weißt ja, wie ansteckend Lachen oder Lächeln ist, nicht wahr?

Damit schüttest Du über einen physiologischen Regelkreis weitere Glückshormone aus, was Deine Hirnrinde weiter aktiviert, was Dich noch mehr wertvolle Antworten finden lässt, was Dein Lächeln oder Lachen unweigerlich weiter verstärken und Dir noch mehr Glückshormone schenken wird...
Näheres zur überaus heilsamen Wirkung Deines Lachens und Lächelns findest Du auch in meinem Lach-Praktikum: https://lebenswert365.info/praktikum-lachen/

Damit ist jedenfalls ein nicht nur Deine Gesundheit und Dein Wohlbefinden, sondern auch Deine Produktivität, Deine Kreativität und damit die Entfaltung Deines Potenzials in höchstem Maße fördernder Engelskreis in Gang gekommen.

Darüber hinaus lösen auch all die aufbauenden Gedanken-Assoziationen, mit denen Du Dich als Reaktion auf diese AFFRAGEN geistig befasst – je mehr Du gerade in Resonanz zum entsprechenden Thema schwingst, umso intensiver –, allerlei positive Emotionen in Dir aus.

Das Spiel mit diesem AFFRAGEN ORAKEL versetzt Dich also in eine positive Gestimmtheit, welche Du wiederum über Dein Herzfeld ausstrahlst – woraufhin Du nach dem Gesetz der Resonanz magnetisch wirst für genau das, was in Resonanz mit diesen aufbauenden Gedanken und positiven Emotionen schwingt.

Alles, was Dir beispielsweise auf die Frage, warum Du so erfolgreich bist – oder Dich erfolgreich fühlst –, mit einem breiten Lächeln einfällt, wird Dein Gefühl, erfolgreich zu sein, immer weiter hochfahren.

Und seien dies auch bloß scheinbar ganz kleine Erfolge. Wer suchet, der findet – so heißt es doch.

Und je intensiver dieses Gefühl wird – und damit über Dein Herzfeld weithin wahrnehmbar positiv ausstrahlt –, umso mehr weitere Argumente werden Dir einfallen, die Dich noch mehr darin bestätigen, dass Du tatsächlich ein erfolgreicher Mensch bist.

Und umso mehr weitere Assoziationen werden Dir in den Sinn kommen, die Dich weiter in Deinem Erfolgsgefühl bestärken... so kommt ein sich selbst verstärkender, sehr förderlicher Prozess in Gang – eine Art Engelskreis.

Daher funktionieren prozess-orientierte Fragen – und daher funktioniert das, was ich als AFFRAGEN bezeichne.

Natürlich schwingt in dem Begriff AFFRAGEN sehr bewusst auch das Wort „Affe" mit.

Und das liegt nicht nur daran, dass mich mein geliebter Vater als Kind „sein Afferl" bezeichnet hat. Offenbar habe ich Fips, den Affen (von Wilhelm Busch) allzu glaubhaft imitiert ☺.

Du kennst sicher die Bezeichnung, die Yogis unserem Denken zuordnen: „Monkey Mind".

Sie vergleichen unser nicht enden wollendes Denken mit einem Baum voller Affen, die hektisch hin und her und auf und ab springen und niemals Ruhe geben.

Und wir westlich geprägten Menschen wissen, wie ungemein schwierig es ist, dieses „hektische Affen-Theater" zum Schweigen zu bringen, wenn wir meditieren wollen und uns um Gedankenstille bemühen.

Gelingt es Dir, Gedankenleere zu erzeugen, wenn Du es Dir wünschst?

Kannst Du für eine Weile nicht denken?

Und nicht in irgendwelchen Assoziationen spielen?

Das Spiel mit dem AFFRAGEN ORAKEL bietet unserem Affen-Geist genau das Futter, auf das er so gierig ist – und zwar in positiver, heilsamer, konstruktiver, wertvoller, aufbauender und bewusstseinserweiternder Ausprägung.

Das ist insofern hilfreich für eine positive Lebensgestaltung, weil sich unser „Denkeln" (so nenne ich das auch gern) nicht wie sonst üblicherweise in negativen Assoziationen ergeht und verliert...

Sondern angeregt durch die AFFRAGEN dort fokussiert bleibt, wo es heilsam wirkt für unsere Entwicklung, unsere Gesundheit, unsere Produktivität und ganz allgemein unser Leben.

Ähnlich wie die „reflektive Meditation", die uns westlich geprägten Menschen um vieles näher kommt, als der bei den meisten von uns kläglich scheiternde Versuch, Gedankenleere zu erzeugen.

Bei dieser speziellen Meditations-Technik geht es ja auch darum, mit einem bestimmten Begriff (wie „Liebe", „Freude", „Dankbarkeit", „Freiheit", „Lebensfreude"...) in die Meditation zu gehen und möglichst konsequent bei diesem zu bleiben und ihn zu reflektieren.

Und dazu ist es wichtig, die ständig abschweifenden Gedanken sanft aber bestimmt immer wieder zu diesem Begriff zurückzubringen.

Wie würde es Dir gefallen, Dein Spiel mit dem AFFRAGEN ORAKEL in eine „reflektiven Meditation" zum aktuellen Thema münden zu lassen?

Indem Du Dir die jeweils aktuelle AFFRAGE stellst und dann sehr bewusst darauf achtest, welche Assoziationen Dir dazu kommen?

Und dann mit den FRANTWORTEN weiterspielen?

Bewusstheit versus Bewusstsein

Nun möchte ich dir eine Unterscheidung erklären, die ich generell wichtig finde, vor allem aber im Spiel mit dem AFFRAGEN ORAKEL.

Du brauchst Deine Bewusstheit, um in Deinem Alltag innezuhalten und Dein Orakel zu befragen; darüber hinaus wirst Du die Botschaften nur in voller Bewusstheit verstehen.

Bewusstheit ist nicht gleichbedeutend mit Bewusstsein, denn das sind zwei völlig unterschiedliche Bewusstheits-Grade, deren nur einer eines Homo Sapiens Sapiens würdig ist.

Bei Bewusstsein bist Du im Prinzip immer dann, wenn Du wach bist – also weder schläfst noch unter Narkose stehst, im Koma liegst oder ohnmächtig bist.

Aber wie bewusst bist Du in dieser Zeit tatsächlich?

Bewusstseinsforscher gehen davon aus, dass wir in über 90% unserer Tageszeit unbewusst sind und völlig automatisch agieren; auch wenn wir da natürlich bei Bewusstsein sind.

Du kennst vermutlich das Phänomen, Dir nach einer längeren Fahrt über die Autobahn plötzlich „bewusst" zu werden und Dich zu fragen, „wo" Du wohl die ganze Zeit mit Deinem Bewusstsein gewesen sein magst – weil Du absolut nichts von der letzten Wegstrecke mitbekommen hast und eigentlich gar nicht weißt, wie Du dahin gekommen bist, wo Du Dich gerade befindest.

Wiewohl Du doch hoffentlich bei Bewusstsein warst, während Du Dein Auto gelenkt hast ☺.

Also warst Du wohl bewusst und dennoch nicht bewusst, nicht wahr?

Und genau das passiert uns allen nicht nur bei langen monotonen Autofahrten, sondern im Prinzip bei jeder Routinearbeit, zu der wir so fest verschaltete Bahnen in unser Hirn einprogrammiert haben, dass wir automatisch auf Autopilot schalten, sobald wir diese Tätigkeiten beginnen.

Das ist an sich durchaus sinnvoll, sonst müssten wir nämlich täglich von Neuem lernen, Auto zu fahren, die Tastatur zu bedienen, unser Instrument zu spielen und vieles mehr.

Dennoch stellt sich für mich die Frage, ob es nicht sehr wohl sinnvoll wäre, generell etwas mehr Bewusstheit in unser Leben zu bringen, um damit unsere Wachzeiten auch tatsächlich wach und bewusst zu erleben.

Damit wären wir uns neben all dem, was in unserem Leben passiert, auch als denkendes und entscheidendes, als empfindendes und wahrnehmendes Wesen bewusst; und könnten bei Bedarf auch zwischendurch die Beobachter-Position einnehmen, um bewusst aus unserem Stress auszusteigen.

Meiner Erfahrung nach sind die vorhin erwähnten 90% nicht für alle Menschen gültig, denn manche leben noch unbewusster, auch in der Zeit, in der sie bei Bewusstsein sind. Andere wiederum zelebrieren ihr Leben um vieles wacher, aufmerksamer – eben bewusst im Sinne dessen, was ich als „Bewusstheit" bezeichne.

Wo würdest Du Dich hier einordnen?

Lebst Du eher bewusst?

Oder verfällst Du allzu leicht in den Autopilot-Modus?

Wie auch immer Deine Antwort lautet – freue dich darüber!

Denn wenn Du bereits zu den bewusster lebenden Menschen gehörst, ist das ein Grund für Zufriedenheit.

Aber auch wenn Du Dich in der anderen Gruppe wiederfindest, ist es aus meiner Sicht wertvoll, dies erkannt zu haben; denn erst dann kannst Du es ändern.

Die Tendenz, viel zu viel Zeit in automatischen Spuren zu laufen, beruht ja vor allem darauf, dass wir die meiste Zeit unseres Lebens unter Stress und damit unter dem Einfluss unserer Stresshormone stehen – und damit unser Homo Sapiens Sapiens Gehirn nicht aktiv haben.

Aber genau dieses brauchen wir für volle Bewusstheit und um uns aus den alten Verhaltensschienen zu befreien, die wir für alles, was sich wiederholt, einprogrammiert haben.

Bewusstheit ist jener entspannte und sehr klare Geisteszustand, in dem wir vor allem auch deshalb unseren Fokus halten können, weil unser Stirnhirn alle anderen Einmischungen ausblendet.

Tatsächlich kann unser Stirnhirn Signale des Körpers, die mit Gefühlen und Umweltreizen zu tun haben, ebenso ausblenden wie motorische; es kann die visuelle Rinde ebenso ruhigstellen wie die auditive – sodass wir, während wir uns konzentrieren, weder unsere Umgebung noch unseren Körper wahrnehmen.

Darüber hinaus blendet der Frontallappen die Wahrnehmung der Zeit aus, wodurch all das, worauf wir uns mit unserem klaren Fokus konzentrieren, realer wird als die Außenwelt.

Kennst Du diesen Zustand, den Mihály Csíkszentmihályi als „Flow" – und als Geheimnis des Glückes – bezeichnet?

Wenn Du Zeit und Raum vergisst?

Wenn Du ganz und gar von dem, was Du tust und worauf Du Dich konzentrierst, absorbiert bist?

In diesem Zustand bist du wirklich der Homo Sapiens Sapiens, als der du angelegt bist – und dann wirst Du am meisten aus Deinem Spiel mit dem AFFRAGEN ORAKEL profitieren.

Nun fragt sich natürlich, wie du diesen Bewusstheits-Zustand erreichen kannst, wie du also – wie ich es gern bezeichne – dein „Gehirn einschalten kannst".

Dabei geht es im Wesentlichen darum, Dich aus der Kontrolle Deines Überlebenszentrums zu befreien und Deinem Stirnhirn das Kommando zu übergeben.

Als die Neurologen im letzten Jahrhundert unser Gehirn kartographiert – also die Funktionen der einzelnen Hirnareale identifiziert – haben, ist ihnen aufgefallen, dass die Stimulation des Stirnhirns bloß Licht-Wahrnehmungen auslöst.

Das war anfangs irritierend, macht aber Redewendungen wie diese plausibel:

„Es geht mir ein Licht auf."

„Im Lichte dieser Erkenntnis…"

„Jetzt wird mir etwas sonnenklar."

„Jemand ist ein helles Köpfchen."

„Licht in eine Sache bringen."

„Jemand ist hell auf der Platte."

„Erleuchtung".

Und diese Licht-Wahrnehmung ist nicht nur die Reaktion, wenn das Stirnhirn stimuliert wird; sondern wir können sie auch bewusst nützen, um uns ein Licht aufgehen zu lassen und damit unser Stirnhirn einzuschalten.

Anders ausgedrückt: wenn unser Frontallappen aktiv ist, nehmen wir Licht wahr; aber wir können durch eine bewusst provozierte Licht-Wahrnehmung auch unser Stirnhirn einschalten, also aktivieren.

Und das ist wirklich eine gute Nachricht, denn es gibt kaum eine Situation, in der uns das nicht möglich ist; und wenige Situationen, in denen das nicht wertvoll wäre.

Ich werde Dir gleich noch eine weitere Technik vorstellen, die Du jedoch nicht immer und überall einsetzen kannst; aber Dir im Stirnbereich ein Licht aufgehen und es hell werden lassen kannst Du immer und überall.

Und Du brauchst mir das nicht zu glauben – sondern spiele gleich einmal mit dieser Vorstellung.

Unterbrich für einige Augenblicke die Lektüre, schließe Deine Augen und **visualisiere Licht in Deinem Stirnhirn**!

Das mag beim ersten Mal vielleicht nicht ein hell strahlender Scheinwerfer sein, aber je mehr Du mit dieser Visualisierung spielst, umso besser wird sie funktionieren. Freue Dich fürs Erste auch über ein kleines Lichtlein; und wenn Du es ganz hell wahrgenommen hast, dann freue Dich umso mehr!

Wenn du jedoch den Eindruck hast, noch gar keine Helligkeit wahrgenommen zu haben, dann hab Geduld mit Dir! Bleib dran, dann wirst Du bald auch Dein Licht aufgehen sehen und spüren – das zeigen mir zahlreiche Erfahrungen in all meinen Seminaren, in denen ich diese Strategie anbiete.

Übrigens solltest Du bei diesem Spiel deine Aufmerksamkeit möglichst weit öffnen und auch für andere Sinneswahrnehmungen empfänglich sein: das kann ein Prickeln, ein Vibrieren oder ein Pulsieren sein; manche beschreiben es auch als „Körpergefühl im Gehirn", als „Gefühl von gespannter Körperlichkeit" oder auch „mein Gehirn wird größer".

Aber es gibt noch eine weitere Methode, Deine höheren Hirnzentren einzuschalten, die auch immer wirksamer wird, je öfter Du sie anwendest: die **bewusste Steigerung Deiner Hirn-Durchblutung.**

Stellt Dir vor, wie die Blutgefäße, die Dein Stirnhirn versorgen, ganz weit werden und somit viel zuckergesättigtes (Zucker ist der Brennstoff, den Deine Hirnzellen brauchen, um ihre Funktion zu erfüllen) und mit Sauerstoff angereichertes (um den Zucker zu Energie zu verbrennen, brauchen sie Sauerstoff) Blut zu den entsprechenden Hirnarealen gelangt und diese aktiviert.

Auch das mag beim ersten Versuch nicht unbedingt sofort funktionieren, daher empfehle ich Dir, mit einer Vorstellung zu beginnen, die Dir vermutlich leichter fällt:

Spiele mit der Durchblutung einer Hand, die ruhig auf Deinem Oberschenkel oder vor Dir auf dem Tisch liegt.

Entscheide Dich für eine Hand, schließe Deine Augen und stell Dir vor, wie sich die Blutgefäße, die diese Hand versorgen, erweitern.

Sieh dazu vor Deinem inneren Auge die Blutgefäße, die von Deinem Herzen durch Deinen Arm zu Deiner Hand führen und nimm wahr, wie sie ganz weit werden und viel frisches Blut in Deine Hand transportieren.

Spür, wie Deine Hand immer besser durchblutet wird – vielleicht nimmst Du ein Kribbeln, Wärme oder Erweiterung wahr – ja, es kann sogar sein, dass Du das Gefühl hast, Deine stärker durchblutete Hand würde größer und lebendiger...

Und nun vergleiche diese Hand mit der anderen, die sich – so berichten viele – nun vergleichsweise leblos anfühlen wird, kühler und kleiner.

Daher möchte ich Dir ans Herz legen, nun auch diese mit einer Luxus-Durchblutung zu verwöhnen, um hier Ausgleich zu schaffen.

Wie auch immer Du die verbesserte Durchblutung wahrgenommen hast, bei Deinen Händen hat es vermutlich gut funktioniert hat.

Diese Vorstellung kann dir übrigens gute Dienste erweisen, wenn Du im Winter unter kalten Händen leidest – was ja meist die Wahrnehmung verminderter Durchblutung ist. Dann stell Dir einfach vor, die Durchblutung Deiner Hände zu steigern! Oder auch die Deiner Füße, wenn diese kalt sind.

Und genau das kannst Du mit etwas Übung auch bei Deinem Gehirn schaffen, wo es vor allem darum gehen wird, Dein Stirnhirn vermehrt zu durchbluten und damit zu aktivieren.

Dein Gehirn braucht, obwohl es volumenmäßig nur einen relativ kleinen Teil deines Körpers ausmacht, rund ein Viertel Deines Sauerstoffs; und das gilt vor allem für Deine höheren Zentren, also Deine Hirnrinde.

Das zeigt Dir, wie wesentlich es ist, für eine bessere Durchblutung dieser zu sorgen.

Problem ist ja, wie bereits erwähnt, dass es unter Stress zu einer selektiven Blutumverteilung aus der Peripherie ins Zentrum kommt; das heißt, die außen gelegene Hirnrinde (also Dein Homo Sapiens Sapiens Gehirn) wird zugunsten der tieferen Hirnanteile (Dein Höhlenmenschen-Gehirn) minder durchblutet; und kann daher aufgrund von Sauerstoffmangel ihre Funktion nicht mehr erfüllen.

Aber wenn Du Dir vorstellst, wie sich die Blutgefäße, die Deine Hirnrinde (und hier vor allem die in Deinem Stirnhirn) in den baumähnlichen Verästelungen versorgen, mehr und mehr weiten, sodass viel frisches Blut dorthin gelangt, dann wird Dein Gehirn das akzeptieren.

Dein Gehirn kann nicht unterscheiden, ob Du etwas „tatsächlich erlebst" oder „Dir nur vorstellst". So kannst du Deinem Gehirn suggerieren, dass Dein Frontallappen gerade in den Genuss einer tollen Luxus-Durchblutung kommt.

Um Dir die entsprechende Vorstellung zu erleichtern, möchte ich Dir hier noch einige interessante Details zur Blutversorgung Deines Gehirns erzählen.

Da Dein Gehirn so ein wichtiges Organ ist, wird es zur Sicherheit mehrfach mit Blut versorgt. An der Hirnbasis gibt es einen Gefäßring, der von vier Arterien gespeist wird: durch den Hals führen vorne die beiden Carotis-Arterien und hinten die beiden Vertebrales Blut zu diesem Gefäßring.

Die Carotis-Arterien können zwar im Alter durch Gefäßverkalkungen verengt sein; aber ihre Passage ist leichter, weil sie in weiches Gewebe eingebettet sind.

Aber die Vertebrales müssen von vorneherein ziemliche Engstellen überwinden, während sie sich durch die Halswirbel-Formation zwängen; die dann mit fortschreitendem Alter durch Verkalkungen auch noch immer enger werden.

Und diese Enge nimmt dann noch weiter zu, wenn unsere Muskulatur im Hals- und Nackenbereich verspannt ist – was leider meist der Fall ist, wie Dir schon aufgefallen sein dürfte. Daher ist die möglichst tiefe Entspannung vor allem in dieser Region so überlebenswichtig.

Ich erkläre Dir dies hier so genau, damit Du Dir das gut bildlich vorstellen kannst, wenn Du eher ein visueller Typ bist.

Mit dieser Vorstellung kannst Du also – ähnlich wie mit der Visualisierung von Licht – Dein Stirnhirn einschalten. Und zwar ohne, dass irgendjemand in Deiner Umgebung etwas davon merkt; das heißt, Du kannst das in jeder Situation zelebrieren.

Auch hier empfehle ich Dir, die Lektüre für eine Weile zu unterbrechen und nun auch diese Variante, Dein Stirnhirn einzuschalten, einmal in Ruhe zu probieren.

Achte dabei darauf, ob Du irgendetwas unter Deiner Schädeldecke wahrnehmen kannst: das kann ein Prickeln, ein Vibrieren oder ein Pulsieren sein; Du kannst aber auch eine Erwärmung wahrnehmen oder auch so etwas wie ein Druckgefühl, so als würde Dein Gehirn an Volumen zunehmen.

Und es kann sogar sein, dass Dir durch die verbesserte Durchblutung Deines Stirnhirns ganz von selbst „ein Licht aufgeht", weil das einfach die natürliche Art und Weise ist, wie dieser Bereich Deines Gehirns seine Aktivierung anzeigt.

Wenn das nicht der Fall ist, kannst Du die Wirkung der beiden Techniken noch summieren, also die beiden Vorstellungen (Licht und Durchblutung) kombinieren.

Eine dritte Möglichkeit, Dein Gehirn einzuschalten, wäre das, was ich als **„energetische Hirnaktivierung"** bezeichne. Dazu legst Du Dir eine deiner Handflächen auf die Stirn – etwas, was Du vermutlich ohnehin oft ganz unwillkürlich tust, wenn Du angestrengt nachdenkst. Nur wirkt alles, was wir bewusst tun, um vieles effizienter.

Dieser Griff ist allerdings nicht immer salonfähig; und manchmal hast Du auch keine Hand dafür frei. Aber wenn Du die Möglichkeit hast, diese Technik einzusetzen, möchte ich sie Dir wirklich ans Herz legen; denn sie ist enorm wirksam.

An Deinen Stirnbeinhöckern – zwischen Deinen Augenbrauen und Deinem Haaransatz (oder wo er einmal war ☺) und in einer senkrechten Linie durch Deine Pupillen – liegen neurovaskuläre Kontaktpunkte.

Wenn Du diese mit Deiner Handfläche berührst und aktivierest, erweitern sich die Blutgefäße im darunterliegenden Stirnhirn, sodass viel frisches, sauerstoffgesättigtes Blut zu den Zellen gelangt. Daraufhin übernimmt Dein Stirnhirn die Kontrolle von Deinem Überlebenszentrum.

Wenn Du dabei tief und regelmäßig atmest, Dich aufrichtest, lächelst und Licht in Deinem Stirnhirn visualisierst, aktivierst Du Dein Stirnhirn – und damit Deine gesamte Gehirnrinde – sehr wirksam und nachhaltig.

Das heißt, Du kannst mit diesem Griff die Kampf- oder Flucht-Reaktion aufheben und das automatische Abspulen der klassischen biochemischen Stress-Reaktion (Desintegration des Gehirns, Ausschüttung von Stress-Hormonen, Unterdrückung von Verdauung, Immunsystem und Sexualfunktion sowie Regeneration und Reparation) stoppen.

Lege also, wann immer Du Deine höheren mentalen Zentren einschalten möchtest, eine Handfläche auf Deine Stirn und die andere auf Deinen Hinterkopf (dem Sitz primärer visueller Zentren, für Gesehenes wie auch für Vorgestelltes), lass Dir im Stirnhirn ein Licht aufgehen und visualisiere den idealen Ausgang der aktuellen Situation.

Welche Deiner beiden Hände wo liegt, ist dabei gleichgültig.

Wie auch immer Du Dein Stirnhirn aktivierst, Du erreichst automatisch auch eine bessere Integration Deiner beiden Gehirnhälften.

Das ist insofern wesentlich, als Du Deine beiden Hemisphären immer als Team einsetzen solltest, denn sie ergänzen und verstärken einander in ihren unterschiedlichen Funktionen und Funktionsweisen.

Um diese Links-Rechts-Integration zu erreichen, gibt es neben der „energetischen Hirnaktivierung" noch eine weitere sehr wirksame Technik, die ich Dir hier nicht vorenthalten möchte: die **Wechsel-Atmung aus der Yoga-Tradition.**

Ist Dir schon einmal aufgefallen, dass Dein Haupt-Atemstrom von einem Nasenloch zum anderen wechselt?

Wir haben immer ein Nasenloch durchgängiger als das andere – abgesehen von einer Verkühlung oder starker Nasenscheidewand-Verkrümmung. Versuche es gleich einmal!

Idealerweise wechselt unser Atemstrom etwa alle zwei Stunden von einem Nasenloch zum anderen; und dieser Atem-Zyklus korreliert mit dem Wechsel der Hemisphären-Dominanz im Gehirn.

Wenn Du vorwiegend durch das rechte Nasenloch atmest, zeigt dies Dominanz Deiner linken Gehirn-Hälfte an und geht einher mit Phasen nach außen gewandter Aufmerksamkeit, sowie mit verstärkter Aktivität und Wachheit.

Wenn Du hingegen vorwiegend durch das linke Nasenloch atmest, zeigt dies Dominanz Deiner rechten Gehirn-Hälfte und geht mit in Dich gekehrteren, ruhigeren und besinnlicheren Phasen einher.

Unter dem Alltagsstress geht dieser ausgleichende Wechsel des Atemstroms leider verloren und damit zugleich die Integration von linker und rechter Gehirn-Hälfte.

Denn unter der Kontrolle der Stresshormone ist meist nur mehr die dominante linke Gehirn-Hälfte aktiv und die nicht dominante rechte ist „ausgeschaltet"; damit stehen Dir ihre wichtigen Funktionen und Fähigkeiten nicht mehr zur Verfügung.

Wenn Du bei der Lösung eines Problems oder in einer anderen prekären Situation in einer Gehirnhälfte „festhängst" (und meist ist das die dominante linke), kannst Du diese Blockade durch die Wechsel-Atmung auflösen und damit nicht nur Deine Stimmung verbessern, sondern auch Lösungen finden, wo Du zuvor „angestanden" bist – weil sie Dir klareres, kreativeres Denken erlaubt.

Halte also Dein rechtes Nasenloch zu und atme durch das linke ein (lege dabei Deine Zungenspitze an den vorderen Gaumen).

Dann halte Dein linkes Nasenloch zu und atme durch das rechte aus (während Du Deine Zunge wieder senkst).

Bleibe nun beim rechten Nasenloch und atme wieder durch dieses ein (mit der Zungenspitze am Gaumen).

Um dann neuerlich dieses zuzuhalten und durch das linke auszuatmen (mit gesenkter Zunge).

Der Wechsel der Nasenlöcher erfolgt also jeweils zwischen der Ein- und der Ausatmung. Aus- und Einatmung geschehen dann jeweils durch dasselbe Nasenloch.

Wenn Du Dir diese Atemübung täglich morgens für eine Weile gönnst, startest Du besser integriert in den Tag.

Und wenn Du Dich abends vor dem Einschlafen damit verwöhnst, wirst Du besser ein- und durchschlafen. Das mag paradox klingen, ist aber so. Abgesehen davon wirst Du reicher träumen, wenn Dein Gehirn beim Einschlafen gut integriert ist.

Aber Du kannst die Wechsel-Atmung jederzeit einsetzen, wenn Du merkst, dass Deine Konzentration nachlässt und Du müde wirst – und wirst rasch die wohltuend erfrischende Wirkung merken.

Und speziell möchte ich sie Dir zur Einstimmung auf das Spiel mit dem AFFRAGEN ORAKEL ans Herz legen.

Ein weiterer sehr wirksamer Weg in die volle Bewusstheit zu gelangen, ist das **Einnehmen der Beobachter-Position.**

Da es uns kaum möglich ist, bewusst mit dem Denken aufzuhören, nützen wir die Tatsache, dass der Mensch vermutlich das einzige Lebewesen ist, das sich selbst über die Schulter schauen und sich beim Denken zusehen kann.

Und dies kann uns helfen, unser Gedankengewitter zu unterbrechen.

Entspanne Dich, schließe die Augen und spiele mit Fragen wie:

„Wer in mir denkt?"

„Wann kommt der nächste Gedanke?"

„Woher kommt mein nächster Gedanke?"

„Welche Farbe hat mein nächster Gedanke?"

„Wie klingt er?"

„Wie schmeckt und riecht er?"

„Wie fühlt er sich an?"

„Wer ist es in mir, der mir beim Denken zusieht?"

Bei diesen und ähnlichen Fragen geht es natürlich nicht um die Antworten an sich, sondern um diesen kurzen Moment der Gedanken-Freiheit – denn sie sind listig und überfordern Dein logisch-analytisches Denken, sodass es aus seinem „Denkeln" herauskatapultiert wird und gar nicht anders kann als innezuhalten.

Und je länger du mit dieser Technik spielst, umso länger werden die Momente, in denen dein „Affengeist" pausiert.

AFFRAGEN und Herz-Intelligenz

Das Spiel mit dem AFFRAGEN ORAKEL – oder generell mit positiv formulierten prozess-orientierten Fragen – wirkt sich nicht nur positiv auf unsere mentalen Fähigkeiten und generell unsere Hirnphysiologie aus; und auch das wäre ja schon ein Gewinn.

Sondern es wirkt sich auch heilsam auf die Physiologie unseres Herz-Kreislauf-Systems aus – und auf feinstofflicher Ebene auf das elektromagnetische Feld um unser Herz; also unser Herzfeld.

Forscher des amerikanischen „Heart Math Institutes" habe herausgefunden, dass das elektromagnetische Feld um unser Herz um ~ 100 (das elektrische) Mal und um ~ 5000 (das magnetische) Mal stärker ist als das um unser Gehirn.

Das heißt, unser Herzfeld ist um vieles intensiver und weit reichender – es reicht heute messbar über 17 Meter weit – und damit weit wirksamer als das um unser Gehirn.

Und wie entsteht dieses Herzfeld?

Wir speisen es vor allem mit unseren Gefühlen und Emotionen, aber auch mit dem, was wir glauben, mit unseren Überzeugungen, Erwartungen und ganz allgemein mit unserer Einstellung uns selbst, anderen und dem Leben gegenüber.

Also wenn es heißt, dass wir mit unseren Gedanken unsere Realität erschaffen, dann liegt das vor allem daran, dass jeder Gedanke das Potenzial hat, eine Emotion auszulösen – und diese prägt und färbt unser Herzfeld.

Und laut dem Gesetz der Resonanz ziehen wir über dieses – wie mit einem Magneten – Menschen, Erlebnisse und Ereignisse an, die gleich oder ähnlich schwingen.

Daher kannst Du Dir leicht vorstellen, wie förderlich sich das Spiel mit dem AFFRAGEN ORAKEL ganz allgemein auf die Gestaltung Deiner Realität auswirken wird.

Denn die Befassung mit konstruktiven, aufbauenden und wohltuenden Gedanken löst ebensolche Gefühle und Emotionen aus und kann nach und nach sogar auch Deine Überzeugungen umprogrammieren.

Du lernst nun einmal durch Wiederholung – dies allerdings nur dann, wenn Dir Deine höheren Hirnfunktionen zur Verfügung stehen und nicht stress-bedingt durch Minder-Durchblutung ausgeschaltet sind.

Wir wissen heute, dass unser Gehirn ein extrem plastisches Organ ist: wenn wir uns immer wieder mit positiven, aufbauenden Gedanken befassen, werden die entsprechenden Hirnbahnen mehr und mehr verstärkt; und das erhöht die Wahrscheinlichkeit, dass wir uns mit ähnlich konstruktiven Gedanken befassen – weil auch hier das Gesetz der Resonanz wirkt.

Dadurch verändert sich nach und nach auch unser gewohnheitsmäßiges Denken in positiver, lebensbejahender und liebevoller Richtung.

Umgekehrt funktioniert das genauso, aber dazu brauchst Du meine Anregungen wohl nicht ☺.

Je mehr Du Dich daher mit den Assoziationen befasst, die Deine positiven AFFRAGEN und FRANTWORTEN in Dir in Gang setzen, umso mehr wird Dein Herzfeld die entsprechenden Schwingungen annehmen.

Und umso eher wirst Du entsprechend dem Resonanz-Gesetzt jene Erlebnisse und Erfahrungen, aber auch Menschen in Dein Leben ziehen, die Dich in diesen konstruktiven Gedanken bestätigen; was Dich weiter darin bestärkt...

In Anlehnung an den Physiker John Cramer könnten wir diesen Prozess auch quantenphysikalisch ausdrücken:

Wenn Du positive, konstruktive und förderliche Gedanken denkst und in entsprechend heilsamen und sich gut anfühlenden Emotionen schwingst, sendest Du genau die Angebots-Wellen aus, die mit den Echo-Wellen jener Zukunft in Resonanz schwingen, die Du Dir wünschst.

Du wählst also quasi mit der Färbung Deines Herzfeldes aus allen möglichen Zukünften, die Dir zur Verfügung stehen, jene Realitätsebene aus, die Dir am meisten behagt.

Das liegt daran, dass diese Wellen einander in ihrer Begegnung verstärken – man spricht von „konstruktiver Interferenz" –; und dies erhöht die Ereignis-Wahrscheinlichkeit.

Und bei all dem möchte Dir das AFFRAGEN ORAKEL ein treuer Wegbegleiter sein.

ORAKEL, Wegbegleiter bewusster Menschen

Möchtest Du mehr über Orakel erfahren?

Interessiert Dich ihre Funktionsweise?

Dann findest Du hier, was Du suchst – ansonsten blättere einfach weiter.

Wie bereits erwähnt, achte ich möglichst aufmerksam auf all meine Eingebungen und spontanen Synchronizitäten; bin aber durchaus auch bereit, bewusst solche zu provozieren.

Einerseits in der Verfolgung der astrologischen Konstellationen und meiner aktuellen Lebenszahlen entsprechend der Numerologie; andererseits im Spiel mit diversen Orakeln.

Und die Befragung meiner Orakel erweist sich vor allem dann als probates Mittel, wenn ich in einer besonders anspruchsvollen Phase meines Lebens so von meinem herausfordernden Alltag absorbiert bin, dass ich all die Zeichen, die meine Seele mir treu und verlässlich bietet, nicht wahrnehme.

Nicht zuletzt, weil sich dann aufgrund der reichlichen „Versorgung" mit Stresshormonen mein innerer Saboteur besonders stark in meine Lebensgestaltung einbringen möchte.

Dann ist für mich der erste Schritt, mich aus meinem Stress zu befreien und mich in den Homo Sapiens Sapiens Modus zu versetzen – und genau das empfehle ich auch Dir.

Und dann wende ich mich an meine Orakel, weil sie mir eine wundervolle Art bieten, mit meiner Seele in Dialog zu treten.

Dieser ist mir vor allem dann eine wertvolle Hilfe, wenn ich die aktuellen Synchronizitäten zwar als Hinweise meiner Seele erkenne; mir aber in deren Deutung nicht ganz sicher bin und mir weitere Klärung wünsche.

Verstehen und das daraus resultierende Verständnis sind für mich übrigens zweierlei Dinge und beide wesentlich. Denn ich muss erst etwas (an anderen, der Welt und mir selbst) verstanden haben, um Verständnis zu entwickeln und in die Akzeptanz zu finden.

Und Orakel sind für mich ein besonders schöner Weg, mit meiner Seele in Dialog zu treten, weil sie immer wieder meine Kreativität aus dem Dornröschenschlaf wecken – die sich im Alltagstrott allzu leicht in ihre Trotzecke zurückzieht ☺.

Denn – anders als der „Dialog der Hände" (auf den ich etwas später näher eingehe), der mich immer wieder mit seinen klug gewählten, oft wunderschönen und stets hilfreichen Worten verwöhnt und mir Klarheit, Verstehen und Verständnis schenkt – beglücken mich meine diversen Orakel vor allem mit Antworten in Form von Bildern und Symbolen, die meiner Kreativität Futter anbieten.

Was ich Dir in diesem Kapitel nicht bieten kann, ist eine ausführliche Einführung in andere Orakel, denn dies würde den Rahmen dieses Buches sprengen. Aber ich möchte Dir – abgesehen von der Einführung in mein AFFRAGEN ORAKEL – einen kleinen Einblick in die Welt der Orakel, so wie ich sie erlebe, gewähren.

Orakel helfen Dir vor allem, Dich auf die aktuell wirksame Zeitqualität einzustimmen und den Sinn, den Wert und die Bedeutung Deiner aktuellen Herausforderungen zu erkennen; um dann besser damit umgehen zu können.

Damit zeigen sie Dir letztlich, wie Du Dein Leben bewusster, souveräner, erfolgreicher und letztlich auch leichter meistern kannst.

Sie weisen Dich aber auch auf jene Potenziale hin, die Dir dabei helfen, Deine aktuellen Aufgaben kompetent zu lösen.

Vor allem auch jene Stärken und Fähigkeiten, denen Du aus einem Mangel an Selbstwertgefühl bisher vielleicht viel zu wenig Beachtung schenkst; an die Du also noch zu wenig glaubst.

Das Spiel mit Orakeln eignet sich für praktisch jedes Lebensthema und jeden Lebensbereich, für das oder den Du Dir mehr Bewusstheit wünschst: Partnerschaft, Familie, Beruf und Berufung, Selbstverwirklichung, Gesundheit, Wünsche, Ziele, Visionen.

Dabei ist das Ziel immer, Dir dank der nötigen Bewusstheit Deinen Weg in ein auf allen Ebenen erfülltes und erfüllendes Leben zu weisen.

In Bezug auf Partnerschaften helfen Dir Orakel, schädliche Einstellungen, Reaktionen und Verhaltensmuster bei Dir selbst und anderen zu erkennen – denn erst dann kannst Du Dich daraus befreien.

Und sie zeigen Dir auch Wege aus der Destruktivität in die Harmonie und aus der Blockade in die Lösung.

Dabei machen sie Dir klar, ob und wie Du eine aus den Fugen geratene Beziehung retten kannst – wenn diese ihr Potenzial noch nicht erfüllt hat, also wert ist, weitergeführt zu werden.

Aber sie helfen Dir auch, Dich aus einer Partnerschaft zu befreien, die nicht mehr authentisch und stimmig ist – was oft gar nicht so leicht ist, wenn Co-Abhängigkeit mitspielt.

In gesundheitlichen Fragen helfen Dir Orakel, die Botschaften zu erkennen, die Dir Deine Seele mit der jeweiligen Symptomatik in der aktuellen Krankheit oder Funktionsstörung vermitteln möchte.

Und auch hier weisen sie Dir Wege in Richtung mehr Vitalität, Wohlfühlen und Gesundheit – ohne natürlich ein Ersatz für ärztliche oder komplementärmedizinische Hilfe zu sein, so diese angezeigt ist.

Dies zu betonen scheint mir gerade als ehemalige Medizinerin wesentlich zu sein. Denn ich glaube zwar durchaus, dass letztlich Selbstheilung der wichtigste Weg in die Gesundung ist, aber oft brauchen wir dabei Hilfe zur Selbsthilfe.

Beim Thema Arbeit helfen Dir Orakel, Deine Berufung zu finden, indem sie Dir nicht nur bisher vielleicht verborgene Talente, Stärken und Fähigkeiten – also Deine Ressourcen – bewusstmachen.

Sondern sie werden Dich auch dazu ermutigen, aus ganzem Herzen für Deine Visionen einzustehen, um das in Dir angelegte Potenzial nicht nur zu erkennen, sondern auch tatsächlich zu verwirklichen.

Auch in Entscheidungs-Situationen sind Orakel wertvolle Wegbegleiter und Wegweiser, indem sie Dich auf die Weisheit Deiner Intuition einstimmen und Dich zum richtigen Zeitpunkt die richtige Wahl treffen lassen.

Ganz allgemein sind Orakel wundervolle Stresslöser, indem sie Dir helfen, die Botschaften Deiner Seele in vergangenen und gegenwärtigen Krisen besser zu verstehen und Deinen Anteil daran zu erkennen – und diesen dann auch loszulassen bzw. zu transformieren.

Indem sie Dir Verstehen und daraus resultierend Verständnis schenken, regen sie Dich an, eine neue, entspanntere Einstellung zu all dem Schmerzhaften zu gewinnen.

Und sie begleiten Dich geduldig und behutsam in eine hellere und glücklichere Zukunft in voller Eigenermächtigung.

Im Grunde sprechen Orakel in ihrer Bildersprache vor allem Deine rechte Gehirnhälfte – und speziell Deine kreativen Anteile – an.

Allerdings findest Du auf vielen Kartendecks auch Worte oder gar längere Erklärungen und Hinweise, die Dich über Deine linke Gehirnhälfte ansprechen und durchaus auch wertvoll sein können.

Das mag für den Einstieg sinnvoll sein – und oft bieten solche „Rezepte" auch wertvolle Impulse für weitere Eigenreflexion.

Dennoch geht es aus meiner Sicht im Spiel mit Orakeln vor allem darum, Deine Phantasie anzuregen und Deine Kreativität aus dem Dornröschenschlaf zu wecken – anders ausgedrückt Deine rechte Gehirnhälfte, die ja für die Bildersprache zuständig ist, aus der Reserve zu locken.

Was vor allem deshalb so wesentlich ist, weil der Zeitrahmen und der Kulturkreis, in dem wir leben, so linkshirnlastig sind, dass unsere rechte Gehirnhälfte weder gefordert noch gefördert wird, ihren Beitrag zu leisten; und daher nach und nach zu rosten droht – zumindest bis wir sie wieder ganz und gar in Besitz nehmen.

Das Spiel mit dem AFFRAGEN ORAKEL regt beide Gehirnhälften an, weil es dabei einerseits um die Bilder geht, die Du mit der jeweiligen AFFRAGE assoziierst; andererseits aber geht es auch um die Wort-Assoziationen, die Dir im Spiel damit in den Sinn kommen.

Und immer dient Dir der „Dialog der Hände" als wertvolle Ergänzung zu jeglichem Orakel, für das Du Dich entschieden hast.

ORAKEL und ihre Geschichte

Interessiert Dich die Geschichte der Orakel?

Ursprünglich waren Orakel Versuche des Menschen, Wahrscheinlichkeiten aufzustellen und seine dunkle Lage in der unberechenbaren Natur etwas mehr unter Kontrolle zu bringen; letztlich um dadurch Energie zu sparen.

Begonnen hat es wohl mit der eher passiven Beobachtung von Omina, also symbolischer Vorzeichen wie dem Vogelflug, Eingeweiden von Opfertieren oder dem Blitz.

Später wurden mehr und mehr auch bewusst Fragen gestellt und Antworten aktiv provoziert.

So entwickelten sich weltweit Orakel von der passiven Beobachtung und Hinnahme Göttlicher Äußerungen zu komplizierten Dialogsystemen mit dem „Übersinnlichen".

Hauptthemen waren dabei der Ausgang von geplanten Handlungen sowie die Ursache des Göttlichen Zorns, der in unangenehme Ereignisse hineininterpretiert wurde.

Vor allem im alten Ägypten wurden auch Träume als Orakel verwendet – die später auch von Siegmund Freud in seiner Traumanalyse wieder aufgegriffen wurden; und auch heute noch in vielen psychologischen Schulen in die Therapie integriert werden.

Prinzipiell gibt es zwei Denkweisen: die quantitativ-kausale und die qualitativ-analoge.

Bei der ersten folgen A => B => C => D einander in linearer Folge, wobei Ursache zu Wirkung führt und die Wirkung auf der Ursache beruht.

Die Frage ist dabei also, warum B auf A folgt und C auf B.

Es wird also versucht zurückzuverfolgen, warum und wie die aufeinander abgestimmten Ereignisse aufeinander gewirkt haben.

In diesem Denksystem gibt es eine starke Trennungslinie zwischen dem physischen und dem psychischen Geschehen.

Abgesehen davon spielt lineare Zeit hier eine wichtige Rolle – die allerdings von der modernen Physik angezweifelt wird.

Die zweite ist die synchronistische Denkweise – die übrigens auch die klassische Denkweise Chinas ist, von woher das weltweit bekannte I Ging kommt.

Sie beruht auf dem Feldkonzept; das auch Rupert Sheldrake in seinen „morphogenetischen Feldern" beschreibt.

Dabei geht es nicht um die Frage, warum etwas passiert oder welcher Faktor welche Wirkung erzeugt hat; sondern was sich im selben Augenblick auf sinnvolle Weise gemeinsam ereignet – ähnlich wie C. G. Jungs Synchronizitäten.

Da bündeln sich also A, B, C und D synchronistisch – also gleichzeitig – um einen Augenblick; und die Fragestellung, die sich daraus ergibt, ist:

„Was tendiert, gemeinsam zu geschehen – und zwar im Innen wie im Außen?"

Dabei wird ein bestimmter Zeitmoment zum Schlüsselmoment, zum Brennpunkt für die Beobachtung von inneren und äußeren Ereignissen, zur vereinigenden Tatsache.

Diese Denkweise postuliert also eine intensive Interaktion zwischen dem physischen und dem psychischen Geschehen.

Übrigens realisiert auch westliches Denken, dass es tatsächlich eine Tendenz gibt, dass Dinge miteinander geschehen – wir sprechen ja auch vom „Gesetz der Serie".

Da heißt es etwa:

„Ein Unglück kommt selten allein!"

Aber auch:

„Aller guten Dinge sind drei".

Letztlich geht es also darum, die qualitative Bedeutung des Augenblickes (Kairos) zu entschlüsseln.

Da wird der Augenblick als etwas Lebendiges mit einer eigenen Identität und Bedeutung gesehen:

- Weil er eine Vergangenheit hat: die Situationen und die Entscheidungen, die zur Gegenwart geführt und diesen Moment geprägt haben.
- Und eine Zukunft hat: Situationen und Entscheidungen, die direkt auf den Reaktionen der Gegenwart beruhen und von gegenwärtigen Entscheidungen beeinflusst werden.

Aus dieser Sichtweise ist es wichtig, zu erkennen, wie wir in eine bestimmte Situation geraten sind, weil diese Einsicht auch die Inhalte des nächsten Augenblickes beeinflusst.

Im Grunde spiegeln Orakel einen Aspekt unseres Inneren in diesem Augenblick wider, wobei der Augenblick Ausdruck und Träger der Energie ist, die mit der aktuellen Energie des Orakelbefragers synchron schwingt; also quasi damit korrespondiert – so erklärt sich, wieso die Antworten so akkurat sind.

Wenn es uns im Spiel mit Orakeln gelingt, in die tiefere Bedeutung des Augenblickes einzudringen, gewinnen wir Einblick in die sich entwickelnde Zukunft und können sie bis zu einem gewissen Grad bewusst gestalten.

Dann werden wir tatsächlich „unseres Glückes Schmied", indem wir mit unserem Charakter unser Schicksal beeinflussen.

Die meisten heute verwendeten Orakel katalysieren unser Unterbewusstsein, das viel mehr über andere Menschen, unsere Zukunft aber auch unsere Vergangenheit weiß als unser Bewusstsein.

Dazu wird das unbewusste Wissen in die Orakelgegenstände hineinprojiziert; also sind Orakel so etwas wie Wachrüttler, die uns das bewusstmachen, was wir ohnehin schon tief im Inneren wissen.

Es gibt eine Flut von Möglichkeiten, aus Orakeln zu lesen – wobei es im Endeffekt egal ist, was Du liest.

Es kommt viel mehr darauf an, wie Du es tust.

Dennoch mag es interessant sein, Dir vor Augen zu führen, womit Deine Vorfahren ihr Schicksal zu ergründen suchten.

Denn darin liegen die Wurzeln zu unserer Kultur, also zu all dem, was mehr ist als Arbeit, Sexualität, Essen und Schlaf – unsere sogenannten Grundbedürfnisse.

Alles, was darüber hinausgeht, macht ja wohl unser „Menschsein" aus.

So wurzelt letzlich unsere ganze Kultur in dem Versuch, auf spielerische Weise hinter die Pläne der Vorsehung zu kommen – also im Spiel mit Orakeln.

Schach zum Beispiel entstand als rituelles Orakelspiel, ebenso alle Kartenspiele, die sich aus den ersten Urbildern entwickelt haben, die alle möglichen Menschentypen und Lebenssituationen enthielten und durch Kombination die Zukunft preisgaben.

Es scheint übrigens so, als ob alle großen Orakelmethoden, die sich schließlich zu den bekanntesten Spielen der Menschheitsgeschichte weiterentwickelt haben, ihren Ursprung in Afrika haben.

Beispielsweise zelebrierten fast alle afrikanischen Stämme Würfeln mit Knöchelchen; und auch die Geomantie (wobei dort die Hand des Rutengehers von Erdgeistern geleitet wurde) war dort schon vor 3000 Jahren bekannt.

In Europa hatte das antike Griechenland die größte und anschaulichste Orakeltradition – am berühmtesten ist wohl das

Orakel von Delphi an dessen Eingang stand: „Erkenne Dich Selbst".

Wenn Du den Begriff „Orakel" bei Amazon eingibst, bekommst Du jetzt, wo ich dieses Kapitel schreibe, über 20.000 Ergebnisse, bei Google über 5,5 Millionen Ergebnisse.

Das zeigt, wie allgegenwärtig Orakel heute – in unserer so „aufgeklärten" Zeit – doch sind.

Interessanterweise befragen Menschen Orakel (selbst oder über andere), von denen Du es nie erwarten würdest.

Und ich denke, auch dieses Tabu wird nach und nach fallen.

Wenn Du – abgesehen von diesem AFFRAGEN ORAKEL Buch – noch keine Orakel besitzt und nun Lust bekommen hast, Dir als Ergänzung eines oder einige zuzulegen, dann empfehle ich Dir, Dir einmal wirklich Zeit zu nehmen, um Dich durch die verschiedenen Angebote durchzufühlen.

Und bezieh unbedingt Dein inneres Kind in Deine Wahl mit ein! Denn je mehr Freude dieses an den Karten, Würfeln, Steinen, Stäbchen, Münzen oder anderen Orakeln hat, umso besser wird Dein Zugang zu Deiner Kreativität sein; umso mehr Phantasie wirst Du in Deinen Assoziationen haben – und genau darum geht es ja.

Es gibt Orakel, für die Du Dir eine Menge Wissen aneignen musst, um wirklich erfolgreich damit zu spielen.

Dazu gehören das Tarot, die Runen oder die Lenormand-Karten; weit verbreitet ist auch das recht komplexe I Ging in seinen verschiedenen Lesarten.

Andere Orakel kannst Du ohne Vorwissen nützen, wie diverse Engel-, Krafttier-, Einhorn- oder Feenkarten und viele andere – da kannst Du nach einer Einstimmung sofort in die Befragung einsteigen.

Deine Wahl wird also letztlich auch davon abhängen, wieviel Zeit Du investieren willst, um Dir ein Fundament an Wissen anzueignen – oder eben (noch) nicht.

Die Betrachtung chaotischer Muster wie Kaffeesud, Teeblätter, geworfene Knochen oder Steine, sowie die reflektierenden Lichter einer Kristallkugel lassen unbewusste Phantasien in Dir hochkommen, weil Du sie mit Deinem bewussten Geist nicht zusammenreinem kannst; dieser daher ausgeschaltet ist.

Aus einem chaotischen Muster kannst Du nicht klug werden, sondern bist eher verwirrt – und dieser Moment der Verwirrung aktiviert auf wundersame Weise Deine Intuition.

Jedenfalls eine spannende Erfahrung!

Ein guter Weg, mit Deinem Unterbewusstsein in Kontakt zu kommen, ist übrigens auch das Malen oder Zeichnen abstrakter und zufälliger Bilder.

Denn aus einem Klecks kann sich eine unbewusste Phantasie entfalten, und es entstehen Assoziationen wie in einer Art provoziertem Tagtraum – damit schaffst Du Dir quasi Dein eigenes Orakel.

Wobei ich Dir empfehlen würde, dabei Deine linke Hand zumindest miteinzubeziehen.

Du weißt ja, es heißt: Deine linke Hand „kommt vom Herzen" und verbindet Dich mit Deiner rechten Gehirnhälfte – aber auch mit Deiner Seele.

Wenn Du selbst Orakel für Dich befragen möchtest, scheint es mir wichtig, zuvor ein Einstimmungsritual zu zelebrieren, das Deinem Unterbewusstsein signalisiert, dass Du nun bereit bist, auf seine Botschaften zu hören.

Aber auch wenn Du jemand anderen die Orakel für Dich befragen lässt, solltest Du Dich auf dieses Reading einstimmen.

Das Wichtigste ist dabei, Dich aus Deinem Alltagsstress zu lösen; denn unter Stress bist Du viel zu verspannt, um die nötige Empfänglichkeit aufzubringen.

Abgesehen davon ist unter der Wirkung Deiner Stresshormone Deine gesamte Gehirnrinde – vor allem aber Deine rechte Gehirnhälfte – ausgeschaltet. Es wird Dir einleuchten, dass dies kein angemessener Zustand ist, um Botschaften Deiner Seele zu empfangen, und schon gar nicht zu verstehen.

Heute gibt es auch zahlreiche Orakel im Internet – da kannst Du sogar an Deinem Computer sitzen und eine Engelkarte ziehen oder auch das Gummibärchen-Orakel befragen, Du kannst eine „innere Kind Karte" ziehen, eine Fee oder einen Erzengel zu Rate ziehen.

Das mag fürs Erste eine Option sein, scheint mir auf Dauer aber nicht befriedigend zu sein, weil dabei Deine Intuition viel zu wenig gefragt ist – und genau um die geht es meiner Ansicht ja. Immerhin ist es ja unser Bestreben, in Resonanz mit unserer Seele zu schwingen, um ihre Botschaften zu erkennen und zu verstehen.

Daher ziehe ich persönlich das unmittelbare Spiel mit einem eigenen Orakel vor, das ich auch energetisch auf mich geprägt habe.

Das ist natürlich Geschmacksache, also wähle Deine persönliche Option, wenn dieses Thema Dich überhaupt anspricht!

Und vergiss nicht, Dein inneres Kind miteinzubeziehen – ich habe noch kein inneres Kind kennengelernt, welches es nicht liebt, mit Orakeln zu spielen...

Mein inneres Kind liebt Orakel und das Spiel damit sehr, daher habe ich mittlerweile eine ganze Sammlung davon – manche setze ich regelmäßig ein, andere nur in speziellen Situationen und bei besonderen Fragen.

Aber ich empfinde sie jedenfalls als wertvolle und hilfreiche Wegbegleiter und habe – auf Empfehlung eines Mediums – sogar mein eigenes Kartendeck kreiert: das AFFRAGEN ORAKEL.

Frag' Deine linke Hand

Die Technik, die ich Dir hier erkläre – und die mit Deinem Spiel mit den AFFRAGEN und FRANTWORTEN zu kombinieren ich Dir ans Herz lege –, ist großartig für jeden Bereich, in dem Du Dir Bewusstseinserweiterung wünschst; denn sie eröffnet Dir bisher ungeahnte Bewusstseins-Räume.

Es gibt kein Buch, kein Seminar und keine Beratung, in der ich den „Dialog der Hände" nicht empfehle, weil er so unendlich viele wertvolle Einsatzmöglichkeiten hat. Und speziell als Bereicherung des AFFRAGEN ORAKELS wird er Dir spannende und höchst wertvolle Einsichten, Erkenntnisse und Aha-Erlebnisse schenken, die Dich erstaunen werden.

Warum schreibst Du als Rechtshänder/in mit Deiner linken (nicht dominanten) Hand etwas anderes als mit Deiner rechten (dominanten) Hand?

Warum funktioniert also der „Dialog der Hände"?

Nun, die Nervenbahnen zwischen Deinem Körper und Deinem Gehirn kreuzen im Hals die Mittellinie, sodass Deine rechte Körperhälfte (und damit Deine rechte Hand) mit Deiner linken Gehirnhälfte verbunden ist; und dementsprechend Deine linke Körperhälfte (und damit auch Deine linke Hand) mit Deiner rechten Gehirnhälfte.

Deine linke Gehirnhälfte ist die logisch-analytische, in Worten und Zahlen denkende. Sie arbeitet linear und ihre Aufmerksamkeit ist gerichtet, nimmt daher sukzessiv wahr: also immer nur ein Detail nach dem anderen. In ihr sitzen Deine Sprachzentren, Dein Umgang mit Zahlen, sowie Deine zeitliche Orientierung.

Deine rechte Gehirnhälfte agiert ganzheitlich: sie nimmt simultan das große Ganze wahr und denkt in Bildern, Symbolen, Metaphern und Analogien. Und über sie orientierst Du Dich räumlich; und weil sie in ihrer Wahrnehmung nicht so stark durch Dein Selbstbild geprägt ist wie ihr Gegenstück, speichert sie Erinnerungen anders – objektiver.

Etwa bei der Erinnerung an einen Streit erinnert sie nicht nur Deine eigene Sicht der Dinge und wie es Dir dabei gegangen ist, sondern auch die Befindlichkeit und die dieser zugrunde liegende Interpretation Deines Gegenübers.

Was vor allem daran liegt, dass Du über sie in der Kommunikation nicht die Worte wahrnimmst und verstehst – das ist ja eine Funktion Deiner linken Gehirnhälfte –, sondern all das, was zwischen Euren Worten mitschwingt; also Betonung, Körpersprache, Mimik ...

Und wie wir wissen, fließen rund 85% der Information über diesen nonverbalen Austausch.

Aber Deine rechte Gehirnhälfte ist wohl auch stärker und unmittelbarer – also unter Umgehung Deines bewussten Denkens – mit Deinem Herzen verbunden. Und dieses hat oft die förderlicheren und weiseren Antworten.

Alles in allem birgt sie ungeahnte Schätze, derer Du Dir meist erst dann bewusst wirst, wenn Du Dir Zugang dazu verschaffst – und das geht hervorragend über Deine linke Hand.

Natürlich sind Deine beiden Gehirnhälften durch den sogenannten Balken (Corpus Callosum) miteinander verbunden, aber ihre Integration ist nur selten wirklich ideal; daher arbeiten Deine beiden Zugangsweisen zum Leben meist nicht so gut Hand in Hand, wie es zu wünschen wäre.

Und der „Dialog der Hände" ist vor allem deshalb so wertvoll, weil er diese Integration wirksam fördert.

Interessiert Dich ein Bild zur Integration Deiner beiden Gehirnhälften?

Wenn Du mit zwei Beinen fünf Stundenkilometer läufst, wie rasch läufst Du dann mit einem Bein?

Nicht halb so rasch, nicht wahr...

Und ähnlich ist es, wenn Du Dein Leben nur mit einer Gehirnhälfte gestaltest – wie es in unserem Kulturkreis und in unserer Zeit leider üblich ist: mit der linken.

Kommunizierst Du beispielsweise nur mit Deiner linken Gehirnhälfte, entgeht Dir all das, was an Information zwischen den Worten mitschwingt. Auch wenn Du beim Schreiben noch so viele Emoticons einschaltest ☺.

Du brauchst mir das nicht zu glauben, sondern erfahre es selbst, indem Du den „Dialog der Hände" zumindest einige Male selbst versuchst, um die Schätze, die in den Hirnwindungen Deiner rechten Gehirnhälfte schlummern, zu heben.

Bewusstseinsforscher gehen davon aus, dass wir nur einen Bruchteil unseres Hirnpotenzials nützen – und weil ich das schade finde, liegt es mir so am Herzen, Dir diese Technik schmackhaft zu machen; denn der möglichst regelmäßige Einsatz Deiner linken Hand wird Dir helfen, bisher brach liegende Potenziale mehr und mehr zu entfalten.

Deine rechte Gehirnhälfte ist auch Deine kreative, wovon Du Dich leicht überzeugen kannst, wenn Du Deine linke Hand eine Zeitlang bewusst mehr als bisher nützt.

Nicht nur über das Links-Schreiben, um Zugang zum erstaunlichen Bewusstseins-Pool Deiner rechten Gehirnhälfte zu gewinnen. Sondern auch indem Du sie mehr und mehr auch in die Gestaltung Deines Alltags miteinbeziehst, um Deine beiden Gehirnhälften über verschiedene zweihändige Tätigkeiten und Bewegungen zu integrieren.

Was natürlich auch sinnvoll ist, um ganz allgemein mehr manuelle Geschicklichkeit zu entwickeln.

Oder brauchst Du wirklich den Leidensdruck einer gebrochenen und eingegipsten rechten Hand, um die Handlungsfähigkeit Deiner Linken wieder in Besitz zu nehmen?

Als Kind warst Du übrigens viel beidhändiger angelegt – nur ist dieses Potenzial wie vieles im Laufe Deiner „Erziehung" verloren gegangen.

Es sei denn, Du wärst als Linkshänder/in angelegt und durftest diese Anlage auch tatsächlich leben. Was heute glücklicherweise kaum mehr üblich ist.

Früher wurden Linkshänder umgepolt – mit dem Argument, sie sollten „mit der schönen Hand schreiben" und bei der Begrüßung „die schöne Hand geben".

Glücklicherweise ist Dein überaus reiches Potenzial nie ganz und gar verloren – weder wenn es von außen unterdrückt wurde, noch wenn es aus Unwissenheit brach gelegen ist. Und mit etwas Geduld und vor allem auch Freude daran, kannst Du es Dir wieder aneignen.

Die Freude dabei ist vor allem wichtig, weil Du erst unter dem Einfluss Deiner Glückshormone einen guten Zugang zu Deiner Hirnrinde hast – wie ich ja bereits erwähnt habe.

Du kannst natürlich auch ohne ein bestimmtes Ziel – also einfach aus Freude an diesem inneren Dialog – regelmäßig Deine „linken Seiten" schreiben. Ich habe das immer wieder über längere Wegstrecken getan und erstaunliche Erfahrungen damit gemacht.

Dazu habe ich jeweils abends vor dem Einschlafen – meist ohne Frage, manchmal aber auch mit der allgemeinen Frage, was mir meine linke Hand zum heutigen Tag erzählen möchte – mit dieser Technik gespielt und so meiner rechten Gehirnhälfte frei von Erwartungen die Möglichkeit eröffnet, mir die Botschaften, die sie für wichtig hielt, mitzuteilen.

Das waren teils Klärungen von Alltags-Fragen, die mich eben beschäftigten, aber auch allerlei scheinbar „sinnlose" philosophische Abhandlungen – wie eines Abends die Reflexion der Acht: die Zahl 8, so machte mich meine rechte Gehirnhälfte aufmerksam, ist die einzige, die in vielen verschiedenen Worten vorkommt – für keine andere Zahl gilt dies.

Das kannst Du gern nachprüfen – und es ist eine lustvolle Übung, Worte zu finden, die „acht" mit einschließen!

Einfach so – l´art pour l´art ☺:

Im dunklen Sch8
hab ich Stunden verbr8,

aber dann ganz s8,
von Engeln bew8,
hab ich mich aufgem8...

Vorbei nun die N8,
meine Seele l8
in des Morgens Pr8.

Hätte ich das ged8?

Mit all ihrer M8
ist die Liebe entf8 ...

Abgesehen davon wird die Acht umgelegt zum Unendlichkeits-Zeichen.

Ein anderes Mal hat mir meine linke Hand prophezeit, dass ich am nächsten Tag eine große Überraschung erleben würde. Nun, wir wissen, wie das mit der selektiven Wahrnehmung ist.

Also dachte ich:

„Wenn ich auf eine Überraschung warte, wird mir höchst wahrscheinlich irgendetwas auffallen, das mich überrascht. Und was eine große oder eine kleine Überraschung ist, ist wohl Ansichtssache."

Aber die Überraschung, die mich an diesem Tag erwartet hat – und von der ich bis heute nicht weiß, wie meine linke Hand tags zuvor davon wissen konnte – war nicht irgendeine Kleinigkeit, sondern tatsächlich eine mein Leben zum Positiven hin verändernde Nachricht; die ich absolut nicht erahnen oder vorher wissen konnte.

Du kannst aber auch ein Gegenüber wählen, ihm mit Deiner rechten Hand einen Brief schreiben und es Dir dann über Deine linke Hand antworten lassen.

Das kann sofort auf Anhieb funktionieren, es kann aber auch sein, dass Du etwas Geduld brauchst. Du weißt ja: Übung macht aus einem Meisterlein den Meister ☺.

Und wenn Deine linke Hand dann tatsächlich schreibt, dann kann sich das so anfühlen, als würde tatsächlich irgendetwas oder jemand sie führen – das mag anfangs etwas Unbehagen auslösen, aber ich empfehle Dir, dies mit Humor zu nehmen.

Natürlich nimmt nicht eine fremde Macht von Dir Besitz; sondern „das", was da durch Dich hindurch über Deine linke Hand schreibt, ist wohl ein bislang verschütteter – und sich daher anfangs zuweilen fremd anfühlender – Teil Deiner Persönlichkeit.

Es kann aber auch sein, dass Dir, sobald Du Dich für das Links-Schreiben bereit machst, Gedanken in den Sinn kommen, die sich zuerst gar nicht so fremd und anders anfühlen; sodass Du meinst, Du hättest sie genauso gut auch mit Deiner rechten Hand geschrieben.

In diesem Fall empfehle ich Dir, diese Gedanken einfach niederzuschreiben und erst mit etwas Abstand neuerlich zu lesen und erst dann zu beurteilen, ob sie nicht doch eine andere Qualität haben – Du wirst sehen, es sind doch merkwürdige und oft auch in einer anderen Terminologie formulierte Gedanken.

Wie sehr Du die Andersartigkeit dieser mentalen Beute erkennst und anerkennst ist erfahrungsgemäß eine Funktion Deiner Bereitschaft, dieser Methode zu vertrauen.

Ich erlebe in meinen Seminaren immer wieder Menschen, die zuerst behaupten, sie hätten mit der rechten Hand auch nichts anderes geschrieben; sich bei näherem Hinsehen – und oft auch erst mit etwas zeitlichem Abstand – dann aber doch eingestehen, dass es da sehr wohl Unterschiede gibt; und dass das Ergebnis durchaus wertvoll ist.

Der so in Gang gesetzte Gedankenfluss ist bei jenen, die keine Blockaden haben, oft so rasch, dass sie mit ihrer zumeist nicht sehr im Schreiben geübten Nicht-Schreibhand kaum nachkommen.

Wenn das bei Dir auch der Fall ist, dann kannst Du eventuell das, was Dir in den Sinn gekommen ist, als Du begonnen hast, mit der linken Hand zu schreiben, mit der rechten Hand weiter schreiben; um dann aber gleich wieder umzugreifen und neuerlich Deine linke Hand zu konsultieren.

Aber eigentlich empfehle ich Dir eher, gleich bei Deiner linken Hand zu bleiben, nicht zuletzt damit sich diese nach und nach an das Schreiben gewöhnen kann.

Denn so wie Du irgendwann einmal gelernt hast, mit Deiner rechten Hand zu schreiben, kannst Du natürlich auch lernen, mit Deiner linken Hand zu schreiben – es ist bloß eine Frage der Übung.

Und Du wirst sehen, wie viel Freude es Dir bereitet, wenn Deine linke Hand immer sicherer wird und nach und nach sogar ein eigenes und sehr charakteristisches Schriftbild entwickelt.

Und sollte Deine rechte Hand tatsächlich einmal ausfallen – warum auch immer –, hast Du Dir auf diese Art und Weise eine jederzeit verfügbare zweite Schreibhand erzogen.

Wenn Du von Natur aus linkshändig bist, kannst Du diese Technik umgekehrt probieren – das kann Dir vor allem bei Entscheidungen neue Sichtweisen schenken.

Aber Du kannst auch bei Deiner linken Schreibhand bleiben und Dich bei der Antwort Deines Gegenübers einfach in dieses hineinversetzen – spiele einfach beide Varianten und finde heraus, was für Dich am besten funktioniert.

Und wie setzt Du nun den „Dialog der Hände" in Kombination mit dem AFFRAGEN ORAKEL ein?

Ganz einfach: Du kannst sowohl Deine AFFRAGEN mit Deiner linken Hand schreiben; aber vor allem Deine FRANTWORTEN werden völlig neue Wendungen nehmen, wenn Du dabei Deine linke Hand miteinbeziehst – lass Dich überraschen!

Endorphine – Deine Glückshormone

Da ich bereits mehrfach unsere Glückshormone erwähnt habe – und dies wohl noch öfter tun werde, weil sie so enorm wichtig sind –, möchte ich hier etwas näher darauf eingehen.

Deine Endorphine sind ungemein wesentlich für Dein Leben – vor allem auch für deine Bewusstheit – weil sie die besten Gegenspieler Deiner Stresshormone sind; die Dich ja in den Höhlenmenschen-Modus versetzen.

Deine Körperflüssigkeiten (Dein Blut und Deine Zwischenzellflüssigkeit) bestehen einerseits aus einem ziemlich stabil gehaltenen Cocktail aus Wasser, Eiweiß, Mineralien und Spurenelementen.

Daneben gibt es eine variable Mischung aus Hormonen, die in den verschiedenen Drüsen Deines Körpers produziert und dann über die Blutbahn im ganzen Organismus verteilt werden, um an den jeweiligen Zielorganen ihre Wirkung zu entfalten.

Uns interessieren hier im Wesentlichen zwei unterschiedliche körperchemische Zustände: einerseits der Stresszustand Deiner Abwehr, also Dein Im-Nein-Sein, in dem vor allem die Stresshormone Adrenalin und Cortisol (das körpereigene Pendant zum Cortison, das Du sicher als Therapeutikum kennst) dominieren.

Andererseits der Glückszustand Deiner Annahme, also Dein Im-Ja-Sein, in dem Deine Glückshormone wirksam werden und Dich mehr oder weniger bewusst mit einem wohltuenden und heilsamen Gefühl der Freude und Glückseligkeit erfüllen.

Was Deine Stresshormone bewirken, haben wir bereits behandelt – besonders ihre fatale Wirkung auf unser Gehirn.

Was uns hier interessiert, ist Deine Glücks-Chemie.

Im Zustand der Freude, wenn Du glücklich und zufrieden in Deiner Mitte ruhst, wenn Du liebst, dankbar bist oder Wertschätzung empfindest, wenn Du jemandem Fürsorge oder Bewunderung schenkst, wenn Du Dich für eine neue Idee begeisterst oder etwas Schönes genießt, wenn Du lachst, lächelst oder schmunzelst, werden deine Zellen von Endorphinen umspült.

Diese lassen Dich entspannen, fördern Deine Regeneration und wirken für all Deine Organe heilsam und energiesparend.

Und sie versetzen Dich in den Dir angemessenen Homo Sapiens Sapiens Modus und machen Dir Dein großartiges mentales Potenzial zugänglich, das es Dir ermöglicht, Deine wahre Größe einzunehmen – und mit Orakeln zu spielen.

Und die gute Nachricht ist, dass Du selbst entscheiden kannst, in welcher Körper-Chemie Du Dich befindest.

Allerdings nur, wenn es Dir gelingt, Dich aus der Kontrolle Deines Überlebenszentrums zu befreien; denn erst dann kannst Du frei entscheiden, wohin Du Deine Aufmerksamkeit richtest.

Im Grunde ist dies bloß eine Frage der selektiven Wahrnehmung; denn je nachdem, wohin Du deine Aufmerksamkeit richtest, ändert sich Deine Befindlichkeit.

Du kannst in jedem Augenblick Deine Aufmerksamkeit auf das Erfreuliche, Erbauliche, Beglückende richten oder auf das Traurige, Ärgerliche, Beängstigende – und dementsprechend wird es Dir gehen; und entsprechende Hormone wirst Du ausschütten: Glücks- oder Stresshormone.

Und darüber hinaus werden in Deinem Gehirn die entsprechenden Bahnen aktiviert und damit verstärkt.

Tatsache ist, dass wir von unserem Ursprung her primär Kampf- oder Fluchttiere sind: wenn der Steinzeitmensch überleben wollte, musste er rechtzeitig Gefahren erkennen, um sich rasch in Sicherheit zu bringen oder die Gefahr abzuwenden.

Und erst, wenn er sicher war, dass sein Überleben gesichert war, konnte er sich dem widmen, was ihn erfreut und beglückt hat.

Daher war seine Motivation, nach Gefahr Ausschau zu halten, viel stärker als die, sich dem Schönen, Erfreulichen und Beglückenden zu widmen. Also hat er seine Aufmerksamkeit vor allem auf die Suche nach dem zu vermeidenden Gefährlichen gerichtet.

Aber die Zeiten haben sich geändert, daher ist es nicht sinnvoll, dass unser Überlebenszentrum genau das auch heute noch tut. Also gilt es, selbst das Steuer in die Hand zu nehmen und uns bewusst aus seiner Kontrolle zu befreien; um nicht ständig im abwehrenden Nein zu schwingen und von Stresshormonen dominiert zu sein.

Übrigens verkürzt Dein Stress nicht nur Dein Leben und lässt Dich unnötig leiden, sondern er beeinträchtigt auch andere in Deinem Umfeld.

Ist Dir schon einmal aufgefallen, wie unangenehm sich die Gegenwart einer gestressten Person auswirkt?

Da möchte man sich am liebsten zurückziehen und Abstand gewinnen.

Und tatsächlich strahlst Du Deinen Stress auch nach außen hin aus; sodass sich Deine negative Ausstrahlung auch auf andere auswirkt.

Außerdem reagierst Du unter Stress unkontrollierter, aggressiver und destruktiver als im entspannten Zustand Deiner Glücks-Chemie; somit wirken sich Deine Stresshormone nicht nur nonverbal auf andere aus.

Unter dem Einfluss Deiner Glückshormone hingegen nimmst Du die Welt und andere positiver wahr und reagierst dementsprechend liebenswürdiger.

Wenn Du die sprichwörtliche rosarote Endorphin-Brille trägst, richtest Du Deine selektive Wahrnehmung automatisch auf das Positive – ähnlich wie im Zustand glücklicher Verliebtheit, in wohltuender Urlaubsstimmung oder nach einem großen Erfolgserlebnis, für das Du viel Wertschätzung bekommen hast.

Und wenn Du solcherart positiv gestimmt bist, strahlst Du Freude und Glücklichsein aus, was sich unmittelbar auch auf andere überträgt.

Achte in Zukunft bewusster darauf – und schenke Dir mehr Glückshormone, um Dich immer wieder aus Deinen Stresshormonen zu befreien.

Aber was sind eigentlich Glückshormone?

Als 1976 die Endorphine – unsere Glückshormone – entdeckt wurden, war klar: der Körper produziert seine eigenen Drogen.

Diese Botenstoffe haben eine ähnliche Wirkung wie das Opium aus der Mohnpflanze, das seit mehr als 6000 Jahren als Heilmittel bekannt ist und weltweit wegen seiner schmerzbetäubenden Wirkung eingesetzt wurde.

Allerdings schenkt es neben der Schmerzlinderung auch eine glückliche Gelassenheit.

Diese künstlich erzeugte Wirkung übernimmt allerdings von außen eine körpereigene Funktion, die vor allem für unsere Vorfahren (die Höhlenmenschen) wichtig war. Denn für sie hätte eine Beeinträchtigung durch Schmerzen und Ängste im Kampf oder auf der Flucht tödlich sein können.

Interessanterweise erleben auch wir gerade schwere Verletzungen im Schock erst einmal nicht als schmerzhaft.

Wie könnte sonst ein Mann, dem durch eine Maschine eine Extremität abgetrennt wurde, seinen Arm selbst zum Arzt bringen?

Meinem Schwiegervater ist genau das während seiner Zeit als Betriebsarzt passiert.

Eine weitere wichtige Funktion entfalten die Endorphine auch heute noch sinnvollerweise während des Geburtsvorganges, wenn sie in der Endphase massiv ausgeschüttet werden. Denn ohne diese „natürliche Betäubung" wären die Wehen vermutlich für die wenigsten Frauen zu ertragen.

Unsere Glückshormone sind also eigentlich eine „Erfindung der Natur", um uns auch unter äußersten Strapazen reaktions- und überlebensfähig zu halten.

Aber wir können auch unter weniger extremen Bedingungen unseren Endorphin-Spiegel erhöhen, indem wir beispielsweise all das nützen, was ich als Endorphin-Ausschütter bezeichne:

Und das sind alle Erlebnisse, Erfahrungen, Erinnerungen, Visionen, Situationen, Tatsachen oder Dinge, die uns erfreuen und glücklich machen; die unsere Fröhlichkeit, Wertschätzung und Dankbarkeit erwecken; die uns erheitern, begeistern oder unsere Liebe aufblühen lassen – die uns also Glückshormone ausschütten lassen.

Ganz allgemein gesagt führt jede ehrlich empfundene positive Emotion zu einer Erhöhung des Endorphin-Spiegels.

Beispielsweise erhöhen Erfolgserlebnisse durch die Freude, die sie in uns auslösen, unseren Endorphin-Spiegel – interessanterweise jedoch nicht nur, wenn wir sie faktisch erleben, sondern auch, wenn wir sie uns bloß vorstellen.

Wundert Dich das?

Nun, tatsächlich unterscheidet Dein Gehirn nicht, ob Du etwas „real erlebst" oder „Dir nur vorstellst".

Möchtest Du Dich gleich selbst von dieser Tatsache überzeugen?

Dann lass Dich zu einer interessanten Erfahrung verführen, um Dich selbst zu überzeugen!

Stell Dir vor, Du beißt lustvoll in eine saftige Zitrone...

Spür den herrlich frischen Saft dieser voll reifen Zitrone, die ich eigens aus Sizilien für Dich importiert habe, damit Du Freude daran hast ☺; schmecke den herrlich blumigen Geschmack und spür die erfrischende Säure; genieße den frischen Duft und spür sehr aufmerksam, was diese virtuelle Zitrone alles mit Dir macht...

Und dann versuche, eine kleine Melodie zu pfeifen!

Wenn Du Dich wirklich auf diese Vorstellung eingelassen hast, dann hattest Du unweigerlich einen verstärkten Speichelfluss; was es Dir zumindest sehr schwer macht, die Lippen zu spitzen und zu pfeifen.

Weißt Du, woran das liegt?

Das kommt daher, dass Deine Speiseröhre es nicht gern sauer mag. Also trachtet Dein Organismus danach, über eine vermehrte Speichel-Produktion den sauren Zitronensaft zu verdünnen, ehe Du ihn schluckst.

Erstaunlicherweise aber auch dann, wenn Du Dir die Zitrone bloß vorgestellt hast, weil Dein Gehirn „real Erlebtes" nicht von „bloß Vorgestelltem" unterscheiden kann.

Daher kannst Du es mit Deiner Vorstellungskraft überlisten – beispielsweise mit einer virtuellen Zitrone.

Aber auch, um Glückshormone auszuschütten, wenn es Dir gelingt, ihm den Zustand der Freude und Glückseligkeit glaubhaft vorzuspielen.

Und das ist auch dann möglich, wenn Dein Leben gerade nicht so beglückend ist, wie Du Dir das wünschst.

Dazu stell Dir einfach etwas Beglückendes und Erfreuliches möglichst plastisch vor und vergegenwärtige es Dir unter Miteinbeziehung aller Sinne – und lächle dabei!

Wenn Du lächelst und Dir intensiv etwas vergegenwärtigst, was Dich gefreut und glücklich gemacht hat, produziert Dein Gehirn allein aufgrund dieser Vorstellung Glückshormone.

Wusstest Du das?

Diese Tatsache ist so wichtig, dass ich sie gleich noch einmal wiederholen möchte:

Du bist nicht nur glücklich, weil etwas Beglückendes passiert ist; sondern Du kannst einen glücklichen Zustand auch hervorrufen, indem Du Dir ein fiktives Glücklichsein vergegenwärtigst und Dich dann möglichst intensiv und unter Miteinbeziehung aller Sinne hineinversetzt.

Ja, Du liest richtig.

Erahnst Du die Tragweite dieser Tatsache, die die medizinische Forschung mit neuen bildgebenden Verfahren eindeutig nachweisen kann?

Wenn dies das Einzige ist, was Du aus diesem Buch mitnimmst, wäre das schon ein großer Gewinn – aber natürlich hoffe ich auf weit mehr ☺.

Zufriedenheit, Dankbarkeit, Zuversicht, Wertschätzung, Heiterkeit, Vorfreude, Genuss oder Bewunderung bewirken ebenso wie Begeisterung, Faszination oder Stolz, aber auch jedes bloß eingebildete Glücklichsein und natürlich Liebe in all ihren Facetten wie auch Selbstliebe – im Prinzip also all die positiven Emotionen, die Dir zugänglich sind – eine mehr oder weniger starke Ausschüttung von Glückshormonen.

Möchtest Du Dir vielleicht eine Art „Speisekarte" aus all Deinen Endorphin-Ausschüttern zusammenstellen, damit Du jederzeit darauf zurückgreifen kannst?

Auch dann, wenn Dir Deine Glückshormone im Augenblick aber nicht leicht zugänglich sind?

Hier sind ein paar Beispiele zur Inspiration:

Welche großen Momente hast Du erlebt?

Welches waren Deine Sternstunden?

Was hast Du alles an Erhebendem erlebt?

Was ist Dir alles gelungen – oft auch gegen Widerstand?

Was hast Du alles geschafft und erschaffen?

Welche Aufgaben hast Du gemeistert?

Welche Herausforderungen hast Du bewältigt?

Welche Hürden und Hindernisse hast Du überwunden?

Wessen bist Du Herr / Frau geworden?

Wen hast Du losgelassen, weil er Dir nicht gut getan hat?

Wen konntest Du schon loslassen, weil Du musstest?

Was an Überholtem und Abgestorbenem hast Du schon alles losgelassen?

Was hast Du alles gelernt und Dir an Können angeeignet?

Welche Deiner Anlagen und Talente hast Du entwickelt?

Welche Stärken hast Du Dir zunutze gemacht?

Was hast Du alles zum Wohle anderer geleistet?

Was hast Du schon alles für die Menschheit eingebracht?

Welche großen, mittleren und kleinen Ziele hast Du erreicht?

Welche Visionen verwirklicht?

Welche Wünsche hast Du Dir erfüllt?

Welche Wünsche wurden Dir schon aller erfüllt?

Welchen Wünschen hast Du erlaubt, sich zu erfüllen?

Im Spiel mit all diesen Fragen kannst Du auch die AFFRAGEN miteinbeziehen.

Weil Humor so wertvoll ist

Was Dir auch reichlich Glückshormone schenkt, sind Dein Lachen, Lächeln und Schmunzeln – aber Dein Humor kann noch viel mehr, daher solltest Du die Erheiterung, die Dich im Spiel mit dem AFFRAGEN ORAKEL immer wieder erfasst, sehr bewusst genießen.

„Lachen ist die beste Medizin"

Das weiß der Volksmund schon seit ewigen Zeiten; aber nun erkennt es auch die Medizin in ihrem relativ jungen Forschungszweig, der „Gelotologie" – der Wissenschaft vom Lachen.

In den weltweit verbreiteten gelotologischen Instituten wird die „Biologie des Humors" untersucht. Dazu werden allerlei physiologische Parameter von Probanden untersucht, die auf verschiedene Art und Weise zum Lachen gebracht werden.

So wissen wir heute, dass Lachen auf verschiedenen Wegen unsere Abwehrkraft stärkt; dass es die Stresshormone senkt und uns Endorphine schenkt, die uns nicht nur glücklich machen, sondern darüber hinaus schmerzlindernd wirken.

Wenn das Zwerchfell beim Lachen hüpft, massiert es die Eingeweide und fördert Verdauung und Stoffwechsel; darüber hinaus stimuliert Lachen das Herz-Kreislauf-System und die Atmung; aber es fördert auch den Knochenaufbau.

Lachen wirkt sich positiv auf unsere höheren Hirnfunktionen aus, unterstützt das Hormon-System und ist eine hervorragende Präventiv-Maßnahme gegen alle möglichen Erkrankungen.

Zwanzig Sekunden herzliches Lachen entsprechen einer körperlichen Leistung von drei Minuten schnellem Rudern oder Laufen.

Mittlerweile gibt es auf Initiative des indischen Arztes Dr. Madan Kataria, der eine Lachtechnik auf Basis des Yoga entwickelt hat, weltweit Lachclubs und Lachyoga-Seminare.

Und Norman Cousins berichtet in seinem wirklich lesenswerten Buch „Anatomy of an Illness" („Der Arzt in uns selbst") von seinem lachenden Sieg über seine äußerst schmerzhafte Knochendegeneration mit Versteifung der Wirbelsäule und allmählicher Bewegungslosigkeit.

Nachdem die Ärzte ihm mit einer sehr besorgniserregenden Prognose konfrontiert hatten, nahm er sein Schicksal selbst in die Hand. Er übersiedelte aus dem Krankenhaus in ein nahegelegenes Hotel (ein Krankenhaus sei nicht der richtige Aufenthaltsort für einen kranken Menschen, so meinte er schmunzelnd), setzte die verordneten Medikamente ab und nahm nur mehr Vitamin C in sehr hohen Dosen – und lachte.

Immer dann, wenn seine Schmerzen unerträglich wurden, sah er sich ein Video an, das ihn zum Lachen brachte. Dabei entdeckte er, dass nach zehn Minuten echten Zwerchfell-Lachens seine Schmerzen so weit zurückgingen, dass er wieder für zwei Stunden schlafen konnte.

Und immer wenn die schmerzstillende Wirkung des Lachens nachließ, sah er sich wieder ein Lach-Video an oder ließ sich Witze erzählen, sodass es ihm gelang, wieder einzuschlafen.

Sein Zustand verbesserte sich nach und nach, also konnte er wieder als Journalist arbeiten, aber auch reiten und Golf spielen. Und starb erst Jahre später an einem ganz anderen Leiden; also nicht wie von seinen Ärzten prognostiziert an seiner ursprünglichen Krankheit, die er vor allem durch sein Lachen besiegt hatte.

Natürlich empfehle ich Dir nicht, einfach ein wenig zu lachen, wenn Du schwer krank bist – das tut auch Norman Cousins nicht in seinem Buch. Aber ich denke, es täte uns allen gut, mehr zu lachen.

Lachen wird übrigens auch in der Psychotherapie gezielt eingesetzt.

* Alfred Adler brachte mit seiner „konfrontativen Technik" seine Patienten dazu, auch das Komische in ihren Problemen zu sehen.
* Viktor Frankl setzte auf die „paradoxe Intention".
* Und Paul Watzlawick erkannte, dass der Versuch, Symptome loszuwerden, häufig das Gegenteil bewirkte – also beschrieb er Wege, die in die entgegen gesetzte, scheinbar unvernünftige Richtung führten.

Humor gilt als Eisbrecher gegen die häufigsten negativen Emotionen wie Ärger, Wut, Neid und Resignation, und er verschafft uns Zugang zu einer unschätzbaren emotionalen Ressource: der Freude.

Charlie Chaplin meinte, der vergeudetste Tag sei der, an dem er nicht gelacht hätte.

Nur leider ist vielen von uns das Lachen schon in der Kindheit abhandengekommen. Aber es ist nicht wirklich verloren, sondern bloß verschüttet: wir können es wiederfinden und reaktivieren – genau wie unsere Kreativität und Begeisterung.

Auf viele Menschen wirkt Lachen beängstigend. Diese Lach-Abwehr – unter der Bezeichnung „Gelotophobie" – ist viel häufiger, als man annehmen würde; und sie ist meist Ausdruck der Scham, von anderen ausgelacht zu werden, wenn man sich der Lächerlichkeit preisgibt.

Das haben viele von uns in der Kindheit schmerzhaft erlebt, daher hat es sich als unbedingt zu Vermeidendes in unser System eingeprägt.

Daher wird im Lach-Yoga auch bewusst ohne Grund gelacht, um die alte Wunde nicht wieder aufzureißen – wenn etwa jemand einen Witz nicht versteht und sich lächerlich fühlt.

Interessanterweise kommt uns unter Stress der Humor vollkommen abhanden.

Ist Dir schon einmal aufgefallen, dass Du Späße, die Du in entspannter Gestimmtheit lustig findest, ganz und gar nicht zum Lachen findest, wenn Du gestresst bist?

Das liegt daran, dass Dein Humorzentrum im Stirnhirn liegt, das unter der Wirkung Deiner Stresshormone ja durch Minder-Durchblutung ausgeschaltet ist.

Also wenn Du das nächste Mal Deinen Humor verlierst, erinnere Dich an meine Worte und erkenne dies als deutliches Zeichen für Stress – und trachte danach, diesen möglichst rasch zu lösen, um Deinen Humor wiederzufinden!

Humor ist ein Geschenk für beide: den Empfänger und den Sender, weil er ungemein ansteckend ist.

Und hast Du schon einmal versucht, bei anderen ein Lächeln anzuzünden?

Ich liebe das und freue mich umso mehr, je mürrischer mein Gegenüber zuvor war.

Vor allem über mich selbst zu lachen, hebt meine Stimmung; auch wenn mein Leben gerade nicht ganz nach meinem Geschmack ist.

Geht es Dir ähnlich?

Wenn ja, dann ist das sehr praktisch, denn Dich selbst hast Du ja immer dabei – Du brauchst also keinen Animateur, der Dich zum Lachen bringt, kein Kabarett und keinen Witzeerzähler. Du bist in Deinem Humor völlig frei und unabhängig.

Fällt es Dir im Alltag zuweilen schwer, einen Grund zum Lachen zu finden?

Dann richte Dir auf deinem Computer oder Smartphone einen Lach-Ordner mit Erheiterndem ein – meiner hat sich oft schon sehr bewährt, denn meine Stimmung hebt sich augenblicklich, wenn ich in guten Witzen und lustigen Mails schwelgen kann.

Du könntest auch Deinen Tag mit einer kleinen Lachepisode beginnen und ihn mit einer ebensolchen beschließen. Abgesehen davon, dass Du Dich in den dadurch ausgeschütteten Endorphinen wohler fühlen wirst, glaube ich fest, dass Du produktiver und erfolgreicher sein und dann auch besser schlafen wirst.

Weiters könntest Du Deinen Partner oder Deine Partnerin bitten, Dich zumindest einmal pro Tag zum Lachen zu bringen – und ihm oder ihr genau dasselbe versprechen.

Bringt Euch gegenseitig zum Lachen, damit nährt ihr Euch emotional sehr nachhaltig; und auf angenehme Art und Weise, wie ich finde. Und es wird auch Eurer Beziehung wohltun, weil miteinander lachen zu können das Band zwischen Euch stärkt.

Vor allem Dein Spiel mit dem AFFRAGEN ORAKEL solltest Du stets mit Humor garnieren und bereichern.

Wobei Dir oft ganz spontan zum Lachen sein wird, weil manche FRANTWORTEN einfach komisch sind.

Hast Du früher eigentlich mehr gelacht als heute?

Und wenn ja: was spricht dagegen, das nun zu ändern und Dein Lachen wieder zu reaktivieren?

Nicht nur weil es höchst gesund ist und sich ungemein gut anfühlt, sondern weil es Deine Ausstrahlung erhellt – und Dich auch für andere angenehmer macht.

Fühlst du dich in Gegenwart von Menschen, die gern lachen, nicht auch wohler als in der von todernsten Zeitgenossen, die „in den Keller lachen gehen"?

Innehalten

Um das AFFRAGEN ORAKEL zu befragen, gilt es, in Deinem Alltag innezuhalten und Dich auf die Botschaften, die Deine SEELE für Dich bereithält, einzustimmen – wie Dir das am besten gelingt, erkläre ich Dir im nächsten Kapitel.

Zuerst möchte ich meine Gedanken zu diesem Innehalten mit Dir teilen, das ich so wichtig finde, weil es uns – möglichst immer wieder – aus unserem Autopilot-Modus herausholt.

Prinzipiell unterscheide ich kleines, mittleres und großes Innehalten – und alle finde ich wichtig und wertvoll.

Als **„kleines Innehalten"** bezeichne ich alltägliche Rituale, die wir wie Wegmarken in unseren Alltag einfügen können – das kann stündlich sein oder auch alle paar Stunden je nach Alltagsmöglichkeiten.

Denn wenn Du beispielsweise Chirurgin bist, wird das stündliche Innehalten ebenso wenig möglich sein, wie wenn Du als Polizist an der Kreuzung stehst. Aber wenn Du zum Beispiel als Lehrer oder Professorin tätig bist, wäre das sehr wohl möglich – und sogar überlegenswert, ob Du das nicht sogar in Deinen Unterricht einbaust.

Also finde die für Dich möglichen Zeitetappen mit dazwischen liegenden Pausen.

Für dieses kleine Innehalten kann es schon reichen, Dich zu fragen:

„Wie geht es mir gerade?"

„Welcher Emotions-Cocktail wirkt in mir?"

„Was habe ich gerade gedacht?"

„Befinde ich mich gerade im Ja meiner Akzeptanz?"

„Oder schwinge ich im abwehrenden Nein?"

Allein Dir dessen bewusst zu werden, ist schon wertvoll, weil Du Dich im Falle negativer, trüber, destruktiver und sich nicht gut anfühlender Gedanken umpolen kannst – am besten mit der Wunder wirkenden Frage:

Welcher Gedanke fühlt sich besser an?

Du könntest Dir auch in jeder dieser Pausen eine AFFRAGE gönnen und einige Augenblicke damit spielen, ehe Du wieder in Deinen Alltag zurückkehrst – und sie in Deinem Unterbewusstsein weiterwirken lassen.

Um Dich immer wieder im Alltag an dieses Innehalten zu erinnern, könntest Du Dir beispielsweise den Wecker stellen; oder vielleicht hast Du eine Uhr, die zur vollen Stunde piepst oder Du wohnst in der Nähe einer Kirche, deren Glocke stündlich läutet – wobei jedoch die Gefahr besteht, dass Du Dich nach einer Weile so daran gewöhnst, dass Du sie gar nicht mehr wahrnimmst.

Ab und zu solltest Du Dir in regelmäßigen Abständen auch ein **„mittleres Innehalten"** gönnen – etwa einmal pro Woche oder einmal pro Monat.

Das kann jeweils ein Stündchen am Wochenende sein, wo Du Dir Zeit nimmst, mit ein paar AFFRAGEN zu spielen – dazu habe ich etwas später einige Anregungen für Dich.

Vom **„großen Innehalten"** spreche ich im Zusammenhang mit bestimmten Anlässen wie Geburtstagen, Jubiläen, zum Jahreswechsel oder bei anderen Wendepunkten.

Zu diesen Zeitpunkten möchte ich Dir ganz besonders ans Herz legen, mit dem AFFRAGEN ORAKEL zu spielen und Zusatz-Informationen Deiner SEELE einzuholen.

Solche Wendepunkte rufen uns ja auf, noch einmal zurückzuschauen, denn – so wie auch Sören Kierkegaard meint – wir leben unser Leben zwar vorwärts, aber wir verstehen es nur rückwärts.

Aus meiner Sicht geht es bei diesen Rückblicken vor allem darum, zwei Dinge zu erkennen:

* Das, was Du in der nächsten Lebensphase nicht mehr erleben und in Zukunft anders machen möchtest – klüger, reifer, weiser oder einfach bewusster.

* Aber auch das, was in der zu Ende gehenden Lebensphase gut war und Du daher auch in den nächsten Lebensabschnitt mitnehmen möchtest.

Achte speziell auf all das, was Du gut gemacht hast oder was von selbst gut gelaufen ist; aber auch auf das, was Du bisher zu wenig wahrgenommen hast. Fokussiere Dich in Deinem Rückblick vor allem auf die positiven Aspekte, weil Dir dies Glückshormone schenken wird.

Und dies kann Dir auch mit jenen Dingen gelingen, die nicht nach Deinem Geschmack waren – auch diese können Dir Endorphine schenken, wenn es Dir gelingt, eine neue Einstellung dazu zu gewinnen.

Für mich sind beispielsweise Fehler in dem Augenblick, wo wir daraus lernen, keine Fehler mehr, sondern wertvolle Erfahrungen.

Siehst Du das ähnlich?

Ein Kind wird niemals gehen lernen, wenn es nicht bereit ist, auch mal hinzufallen. Du wirst beim Klavierspielen-Lernen anfangs auch danebengreifen. Und ehe Du die richtige Betonung einer neuen Sprache lernst, wirst Du die Worte falsch aussprechen…

Welche Beispiele für diese Tatsache fallen Dir noch ein?

In diesem Sinne sind Deine Fehler Deine besten Freunde. Also sieh all das, was Du als bisher als Fehler eingeschätzt hast, als Chance; denn all das in Deinen Augen falsch Gemachte und nicht Gelungene ist eine Gelegenheit, daraus zu lernen und Dich weiter zu entwickeln.

Frage Dich also:

„Welches waren die größten Fehler, die mir gelungen sind?"

„Gelingt es mir, sie als Teil von wertvollen Erfahrungen zu sehen?"

„Die mir letztlich mehr Vorteile als Nachteile eingebracht und mich in meiner Entwicklung weitergebracht haben?"

„Habe ich aus diesen Fehlern nicht sogar mehr gelernt als aus vielen anderen Erfahrungen, mit denen ich im ersten Augenblick zufriedener war?"

„Wie könnte ich die Bedeutung dieser „Fehler" unter diesem neuen Gesichtspunkt beschreiben?"

„Welche Konsequenz für meine Zukunft legt diese Einsicht nahe?"

Aber jedenfalls lenke Deine Aufmerksamkeit auf Beglückendes und Zufriedenstellendes – das ist keine Vogel-Strauß-Politik, sondern ein kluger Umgang mit deiner Körper-Chemie.

Sieh also deine Vergangenheit in einem möglichst positiven Licht und erlaube Dir Zufriedenheit mit dem, was Du ohnehin nicht mehr ändern kannst. Gewinne eine konstruktive Einstellung dazu und erkenne das Geschenk darin!

Und lass Dich dabei vom AFFRAGEN ORAKEL inspirieren, indem Du Dich fragst:

„Was möchte mir die zu Ende gehende Lebensphase (das letzte Lebensjahr) zum Abschied noch sagen?"

„Worauf habe ich vielleicht zu wenig geachtet?"

„Was ist noch offen geblieben?"

„Was könnte ich in diesem Zusammenhang klüger machen?"

„Wie kann ich das, was mir nicht gefallen hat, aus einem neuen Blickwinkel sehen?"

„Mit wem habe ich mich (noch) nicht versöhnt?"

„Was habe ich mir selbst noch nicht (ganz) nachgesehen?"

„In welchen wesentlichen Situationen war ich (noch) nicht in meiner Liebe?"

„Welche überholten Verhaltensmuster hindern mich (noch) an meiner Weiterentwicklung?"

„In welchem Bereich meines Lebens habe ich (noch) Probleme?"

„Auf welche destruktiven Glaubenssätze lässt dies schließen?"

Aber auch:

„Worauf soll ich in der nun beginnenden Lebensphase (im neuen Lebensjahr) besonders achten?"

„Was wünscht sich meine SEELE von mir und für mich?"

„Was hilft mir dabei, diesen neuen Lebensabschnitt reif zu meistern?"

„Welche Hürden und Herausforderungen liegen (noch) vor mir?"

Einstimmung auf die Befragung

Orakel sind also ein wundervoller Weg, in einen fruchtbringenden Dialog mit unserer SEELE zu treten; und mit dem AFFRAGEN ORAKEL gelingt uns dies – über die vorhin beschriebenen positiven Wirkungen auf unsere Hirnphysiologie und unser Herzfeld noch weit hinaus gehend – besonders gut.

Es ist kein Zufall, welche AFFRAGEN wir in welcher Lebenssituation als Anregung bekommen; sondern im Grunde genommen ist dies eine bewusst provozierte Synchronizität.

Unser gerade aktuelles Lebensthema wird uns genau die Karte – oder Seite in diesem Buch – in die Hände spielen, die uns wertvolle Hinweise gibt; denn unsere SEELE wird mit Freude unserer Offenheit entgegenkommen und uns dorthin leiten und begleiten, wo uns wichtige Einsichten und Erfahrungen erwarten.

Und wie erwähnt, wird vor allem auch Dein inneres Kind viel Freude am Spiel mit diesen prozess-orientierten Fragen haben; somit wird sich Dein kleines Mädchen oder Dein kleiner Bub sofort einbringen, wenn Du Dich an das AFFRAGEN ORAKEL wendest.

Und damit stehen Dir auch all die Eigenschaften und Funktionen zur Verfügung, die Dir dieser höchst lebendige Persönlichkeitsanteil schenkt: Neuhunger und Wissensdurst, kindliche Offenheit und Vertrauen, Begeisterungsfähigkeit, Freude am Spiel und vor allem Kreativität...

All das wird Deine positive Gestimmtheit noch weiter intensivieren, was wiederum Dein Herzfeld noch anziehender macht für all das, was Du Dir wünschst – und was Dir Deine SEELE hier und jetzt empfiehlt.

Denn Wünsche, echte Herzenswünsche, sind aus meiner Sicht immer Wegweiser unserer SEELE.

So schrieb Goethe:

„Unsere Wünsche sind Vorgefühle der Fähigkeiten, die in uns liegen, Vorboten dessen, was wir zu leisten imstande sein werden. Was wir können und möchten, stellt sich unserer Einbildungskraft außer uns und in der Zukunft dar; wir fühlen eine Sehnsucht nach dem, was wir schon im Stillen besitzen."

Welche Karte oder Karten wir in einem speziellen Augenblick ziehen (oder welche Seite wir aufschlagen), entspricht genau der eben herrschenden Zeitqualität – zu diesem Phänomen hat Carl Gustav Jung den Begriff der „Synchronizität" geprägt.

Synchronizitäten zeigen sich natürlich auch spontan in unserem Leben – und je bewusster wir unser Leben zelebrieren und je aufmerksamer wir darauf achten, umso mehr fallen sie uns auf.

Das Spiel mit dem AFFRAGEN ORAKEL dient dazu, solche Synchronizitäten absichtlich in unser Leben zu rufen, uns gezielt für den Dialog mit unserer SEELE zu öffnen und deren Botschaften bewusst zu erbitten.

Hier sind einige Tipps für Dich:

* Stimme Dich auf Deine Orakel-Befragung ein, indem Du einige Male tief – tiefer als sonst – ausatmest, damit möglichst viel verbrauchte, mit Kohlendioxid gesättigte Luft aus Deiner Lunge entweicht.

* Dann atme auch etwas tiefer ein als normalerweise, um möglichst viel Sauerstoff aufzunehmen – je langsamer Du das tust, umso mehr wirst Du einatmen können, weil Du den elastischen Fasern in Deiner Lunge Zeit gibst, sich zu dehnen.

Ideal ist dabei der 5 zu 3 Rhythmus, bei dem Du 5 Herzschläge lang ausatmest und nur 3 Herzschläge lang einatmest.

Der Sinn dahinter ist, dass unsere Atmung den organischen Wechsel zwischen den beiden Anteilen unseres vegetativen Nervensystems spiegelt:

- das Einatmen steht unter der Kontrolle des aktiven Sympathikus – der unter Stress dominiert;
- und das Ausatmen unter jener des Parasympathikus – der für Ruhe und Regeneration steht.

Wenn Du eine Weile den 5 zu 3 Rhythmus beibehältst, gerätst Du mehr und mehr unter die Kontrolle des Parasympathikus; dies hat auch bereits in kürzeren Phasen einen positiven Effekt auf deine Entspannung – und aktiviert durch eine Veränderung der Hirndurchblutung Deine höheren mentalen Zentren.

Aber je länger Du diesen Atem-Rhythmus beibehältst, umso mehr förderst Du die positiven Wirkungen.

Dieses Phänomen kannst Du mir einfach glauben, aber Du kannst es auch selbst erleben.

Ist Dir schon einmal aufgefallen, dass sich Dein Puls zwischen Ein- und Ausatmung verändert?

Um dir diesen Unterschied bewusst zu machen, kannst Du Deine zusammengelegten Fingerspitzen seitlich auf deinen Hals legen; oder Deine Handfläche auf Dein Herz oder eine andere Stelle Deines Körpers, an der Du Deinen Puls fühlen kannst.

Dann atme ruhig und regelmäßig und achte währenddessen auf Deinen Puls – und nimm wahr, wie er sich zwischen Ein- und Ausatmung verändert!

Bemerke, wie er sich in der Einatmung beschleunigt, während er beim Ausatmen langsamer wird!

Lass Dir wirklich Zeit, diesen Unterschied wahrzunehmen, denn die Eigenwahrnehmung wird weit überzeugender sein als die bloße Lektüre meiner Erklärung.

Diese Erfahrung macht Dir den Wechsel zwischen Sympathikus und Parasympathikus deutlich.

Bevor Du in die 5 zu 3 Atmung gehst, atme erst möglichst weit aus und wundere Dich, wie viel Luft Du nach der normalen Ausatmung noch aus Deiner Lunge ausstoßen kannst – umso mehr, je langsamer Du ausatmest.

Dann atme auch möglichst tief ein – wieder ganz langsam, um den elastischen Fasern in Deiner Lunge Zeit zu geben sich zu dehnen; und viel weiter als in Deiner normalerweise eher flachen Atmung. Und wundere Dich auch da wieder über das erstaunliche Fassungsvermögen Deiner Lunge.

Wenn wir unter Stress stehen, wird unsere Atmung flach und setzt oft ganz aus; besonders wenn wir uns gerade stark konzentrieren.

Das ist Dir sicher schon einmal aufgefallen – wenn nicht, dann achte in Zukunft bitte bewusst darauf!

Vor allem unsere Gehirnrinde braucht extrem viel Sauerstoff – und genau diese brauchen wir ja nicht nur für den kreativen Umgang mit dem AFFRAGEN ORAKEL, sondern generell für eine bewusste Lebensgestaltung, die eines Homo Sapiens Sapiens würdig ist.

Daher ist bewusste Atmung so wichtig für unser Orakel-Spiel und generell für unser Leben.

* Dabei entspanne Deine Schulter-Nacken-Partie, damit die Blutgefäße, die das mit Sauerstoff gesättigte Blut zu Deinem Gehirn bringen, nicht wie üblich durch verspannte Muskulatur eingeengt sind!

* Gönne Dir den einen oder anderen weiten Schulterkreis und lass dann Deine Schultern mit einem wohltuenden Seufzer nach hinten unten fallen!

* Entspanne vor allem auch Deine Kiefermuskulatur – Du brauchst im Spiel mit Orakeln nicht die Zähne zusammen zu beißen ☺.

* Lass Deine Lippen breit werden – die Lippenbreite ist ein gutes Zeichen Deiner Ent- oder Verspannung.

Ist Dir schon einmal aufgefallen, wie „schmallippig" jemand, der unter Stress steht, wird?

* Erlaube Dir ein entspanntes Lächeln, um Endorphine auszuschütten und Dich davon beleben und erfrischen zu lassen.

* Fühle Dich leicht, ja sogar etwas abgehoben!

* Und visualisiere Licht in Deinem Stirnhirn, um Deine höheren mentalen Zentren einzuschalten.

Dann stell Deine Frage oder definiere das Thema, zu dem Du das AFFRAGEN ORAKEL konsultieren möchtest.

Und entweder ziehe eine Karte – oder mehrere –, oder schlage dieses Buch an irgendeiner Stelle auf oder denke an eine Zahl zwischen 1 und 44, um die jeweilige AFFRAGE zu entdecken, die jetzt wertvoll ist für Dich.

Anfänger-Bewusstheit

Den Unterschied zwischen Bewusstheit und Bewusstsein habe ich Dir bereits dargelegt – hier möchte ich Dir noch eine spezielle Form der Bewusstheit ans Herz legen; die generell wertvoll ist, vor allem aber Dein Spiel mit dem AFFRAGEN ORAKEL enorm bereichern wird.

Zen-Meister empfehlen uns nicht nur, die Position eines Beobachters einzunehmen, sondern auch die eines Anfängers.

Vor allem in zwischenmenschlichen Beziehungen kann es ungemein wertvoll sein, Deinem Gegenüber im Anfänger-Bewusstsein zu begegnen. Denn dabei wirst Du Euch beide bei alteingefahrenen und destruktiven Reaktionen und Verhaltensmustern ertappen – und kannst diese gegebenenfalls umpolen.

Betrachte Dein Du so, als würdest Du ihm gerade zum allerersten Mal begegnen und lass Dich von all den spannenden neuen Entdeckungen überraschen!

Du wirst sehen, das ist ungemein spannend – auch und gerade, wenn Du dein Gegenüber schon ganz lang kennst und meinst, es in- und auswendig zu kennen; wenn Du also glaubst, alles über diesen Menschen zu wissen.

Bleibe offen und lass Dich von den neuen Erfahrungen überraschen, die Dich aus der neuen Sichtweise erwarten!

Aber auch Dir selbst aus dieser offenen Bewusstheit zu begegnen, ist wertvoll – beispielsweise im Spiegel. Denn auch Du hast deine geheimen Winkel, die Du höchst wahrscheinlich nicht einmal selbst noch erforscht hast – Psychologen sprechen vom „Schatten".

Tu angesichts Deines Spiegelbildes so, als hättest Du Dich noch nie von Angesicht zu Angesicht gesehen; und beobachte, was das mit Dir macht!

Öffne Dich für die faszinierende Reise in die SEELEN-Landschaften eines „neuen", weil neu-entdeckten Menschen, indem Du ihm so begegnest, als wäre es das erste Mal.

Aber betrachte auch Deine beruflichen Tätigkeiten – gerade wenn Du ihnen schon lang nachgehst – aus der Anfänger-Bewusstheit; und wundere Dich, welch spannende Erfahrungen dabei auf Dich warten.

Spiele dies ebenso auch mit Deinem Alltag und Deiner allzu graue Routine und wundere Dich, wie bunt all das auf einmal werden kann; und wie sich das Gefühl wie in dem Film „Und täglich grüßt das Murmeltier" verliert...

Sei bereit, bei all dem nicht nur das altbekannte Bild zu sehen, das Du Dir von deinem Du, Dir selbst, Deiner Tätigkeit oder Deinem Alltag gemacht hast; sondern öffne Dich für eine völlig neue Sichtweise!

Und kombiniere diese neue Perspektive mit dem AFFRAGEN ORAKEL!

Ich bin überzeugt, dass Du mit dieser Blickrichtung auf Dein Leben Details entdecken wirst, die Dir bisher noch nicht aufgefallen sind. Entdecke täglich irgendetwas Neues in Deinem Alltagsleben und erlaube Dir, Dich zu wundern – weil Dir manches bisher nicht als solches erkannte Wunder bewusst wird.

Das wird einerseits Deine Kreativität anregen, andererseits verlangt es Dir echte Bewusstheit ab; weil es dabei nicht reichen wird, bloß bei Bewusstsein zu sein, sondern tatsächlich in deiner vollen Bewusstheit.

AFFRAGEN => FRANTWORTEN

Auch der Begriff FRANTWORTEN ist eine Wortschöpfung aus der Geistigen Werkstatt meines inneren Kindes, das es liebt, neue Begriffe zu kreieren.

Wie Dir wahrscheinlich aufgefallen ist, habe ich nicht nur die meisten Beispiel-Antworten auf die vierundvierzig AFFRAGEN in diesem Buch als Fragen formuliert, sondern ich habe auch in meinen Hinweisen für Dich danach getrachtet, Dir möglichst viele Fragen zu stellen – auch dies im Sinne Deiner eigenen Verantwortung im Umgang mit dem AFFRAGEN ORAKEL.

Ist Dir eigentlich schon einmal aufgefallen, dass Dir rasch langweilig wird, wenn Du Wissen immer nur in Form von Behauptungen serviert bekommest?

Und dass Fragen – sowohl im Umgang mit anderen als auch in Deinen inneren Dialogen – viel anregender sind?

Einfach weil dies der Arbeitsweise Deines Homo Sapiens Sapiens Gehirns weit mehr entgegenkommt?

Und hast Du nicht auch schon die Erfahrung gemacht, dass Deinem inneren Kind ein Fragezeichen am Ende eines Satzes weit lieber ist als ein Rufzeichen?

Mir scheint eine allzu starre Apodiktik, die jeglichem Weiter-Phantasieren die Berechtigung entzieht, ein deutliches Zeichen dafür zu sein, dass das Stammhirn wieder die Kontrolle über unser Denken übernommen hat.

Mein Vater sagte immer, je älter er würde, umso weniger hätte er die Tendenz, seine Sätze mit einem Rufzeichen zu beenden, und umso mehr Fragezeichen würden sich einstellen.

Erinnert Dich dies auch an diesen klugen Gedanken?

„Ich weiß, dass ich nichts weiß!"

Interessanter Weise geht es mir ähnlich: je älter ich werde, desto mehr liebe ich prozess-orientierte Fragen – und vor allem die AFFRAGEN und FRANTWORTEN ergötzen mich mehr und mehr.

Und natürlich ganz besonders mein inneres Kind, das es liebt, mit Fragen zu spielen...

Werden wir mit fortschreitendem Alter nicht „wieder wie die Kinder"?

Wie geht es Dir und Deinem inneren Kind eigentlich mit den AFFRAGEN?

Und den FRANTWORTEN?

Hast Du schon die ersten eigenen Erfahrungen damit gemacht?

Anregungen zum AFFRAGEN-Spiel

In den nächsten Kapiteln habe ich noch einige Impulse für Dein Spiel mit dem AFFRAGEN ORAKEL für Dich – allerdings möchte ich betonen, dass ich Dich vor allem dazu anregen möchte, Deine eigene Phantasie spielen zu lassen und selbst neue und für Dich persönlich angepasste Legesysteme zu entdecken.

Und vergiss dabei nicht, auch den „Dialog der Hände" miteinzubeziehen; denn er wird Deine Assoziationen in einer Art und Weise bereichern, die Dich staunen lassen wird.

Hast Du einen Spiegel griffbereit?

Dann könntest Du Dir – ehe Du eine Karte ziehst, eine Seite in diesem Buch aufschlägst oder an eine Zahl zwischen 1 und 44 denkst – im Spiegel begegnen und Dir ein Lächeln schenken.

Dazu kannst Du an etwas Komisches denken, das Dir gerade in den Sinn kommt, oder Du schaffst es, spontan ein echtes Lächeln zu provozieren.

Wenn Dir das nicht gelingt, kannst Du auch versuchen, angesichts Deines Spiegelbildes unbedingt ernst zu bleiben.

Vermutlich hast Du schon die Erfahrung gemacht, dass wir oft gerade dann, wenn wir nicht lachen dürfen, ganz besonders lachen müssen.

Nütze diese Tatsache, um Deinen Humor einzuschalten und besonders viel aus dem Spiel mit den AFFRAGEN und FRANTWORTEN zu profitieren!

Morgendliche Tages-AFFRAGE

Hast Du Lust, Deine allmorgendliche Tages-AFFRAGE zu ziehen?

Dir eine Zahl zwischen 1 und 44 in den Sinn kommen zu lassen?

Oder jeden Morgen dieses Buch an irgendeiner Stelle aufzuschlagen?

Etwa mit Fragen wie:

* Worauf soll ich meine Aufmerksamkeit heute vor allem lenken?

* Worauf möchte meine SEELE heute meinen Fokus lenken?

* Welche AFFRAGE möchte mich durch den heutigen Tag begleiten?

Nehmen wir an, Du bekommst die AFFRAGE:

„Warum fühle ich mich so schön?"

Dann könntest Du an diesem Tag möglichst jede Gelegenheit nützen, um mit Wohlwollen Dein Spiegelbild zu betrachten – es muss ja niemand bemerken ☺, aber Deinem inneren Kind wird es jedenfalls wohltun.

Und wenn Du Dir währenddessen diese Frage stellst, wirst Du gar nicht anders können, als zu schmunzeln:

„Ja, warum fühle ich mich wirklich so schön – warum wohl?"

Glaube mir, dieses Schmunzeln wirkt heilsam!

Aber beobachte auch, welche Reaktionen Dir an einem solchen Tag von außen entgegenkommen.

Wie reagieren andere auf Dein teils unterschwelliges, teils aber auch offen zur Schau getragenes Schmunzeln?

Abendliche Bilanz-AFFRAGE

Du könntest Dir auch abends vor dem Schlafengehen eine Bilanz-AFFRAGE holen und Dich fragen:

* *Was ist mir heute besonders gut gelungen?*

* *Welchen Gewinn hat mir dieser Tag gebracht?*

* *Was habe ich an diesem Tag vielleicht noch nicht zu meiner vollen Zufriedenheit geschafft?*

* *Welchen Impuls möchte mir meine SEELE heute in den Schlaf mitgeben?*

* *Welche AFFRAGE könnte ich ins Land meiner Träume mitnehmen?*

Und vielleicht möchtest Du Deine Traumkraft, Deine kreativen Anteile oder einfach Deine rechte Gehirnhälfte dann auch noch bitten, Dir einen für dieses Thema hilfreichen Traum zu schenken.

So könnte es sein, dass Du abends diese AFFRAGE bekommst:

„Warum weiß ich, was ich will?"

Und vielleicht erkennst Du in der Reflexion dieses Tages, dass Du immer wieder an der Berechtigung Deiner Wünsche gezweifelt hast – und Dir im Grunde gar nicht klar ist, was Du wirklich willst...

Vielleicht schenkt Dir Deine SEELE in dieser Nacht dann einen Traum, der Dir ganz klar (oder auch in symbolischer Verschlüsselung, die Du dann am nächsten Morgen entziffern darfst) zeigt, was Du Dir tief in Deinem Herzen wünschst; und worauf Du Deine Aufmerksamkeit legen solltest, um in Resonanz mit der Erfüllung zu schwingen...

3 Zeiten-Orakel

Möchtest Du Dir etwas mehr Zeit für das Spiel mit Deinem AFFRAGEN ORAKEL nehmen und hintereinander drei Seiten aufschlagen oder drei Karten ziehen?

Dann gönne Dir eine Dreier-Serie:

1. AFFRAGE:

Wähle die erste AFFRAGE für Deine Ernte aus Deiner Vergangenheit – für das, womit Du durchaus zufrieden sein kannst.

Und das muss nicht unbedingt bedeuten, dass dieses Thema nie mehr relevant wird für Dich.

Sondern Du kannst es so interpretieren, dass Du das, worum es hier geht, für Deine derzeitige Lebensphase etwas in den Hintergrund treten lassen kannst; weil Du aktuell gut damit zurechtkommst; weil Du damit zufrieden bist und nun andere Prioritäten Deine Aufmerksamkeit verlangen.

Findest Du nicht auch, dass wir auch solchen Themen bewusst unsere Aufmerksamkeit schenken sollten, ehe wir sie für eine Weile ad acta legen?

Schenken wir unserer Aufmerksamkeit nicht allzu viel den Dingen, Bereichen, Tatsachen, mit denen wir nicht zufrieden sind?

Wo es noch Entwicklungs-Bedarf gibt?

Wäre es demnach nicht sinnvoll, unsere Aufmerksamkeit und damit unsere Energie einmal bewusst den lichten Seiten unseres Lebens – und vor allem an uns selbst! – zu schenken?

Dazu dient die AFFRAGE:

„Warum bin ich so zufrieden?"

Auch wenn Du diese nicht gerade gezogen hast.

2. AFFRAGE:

Und die zweite AFFRAGE gilt dann Deiner Gegenwart – also dem, womit Du Dich aus Sicht Deiner SEELE in Deiner derzeitigen Lebenssituation befassen solltest; was also hier und jetzt relevant ist und Aufmerksamkeit verlangt.

Dieser AFFRAGE könntest Du mehr Aufmerksamkeit und Zeit widmen, indem Du den „Dialog der Hände" damit spielst, den ich Dir in einem eigenen Kapitel erklärt habe.

Vielleicht möchtest Du die Antworten und Assoziationen, die Dir zu dieser AFFRAGE in den Sinn kommen, niederschreiben – einfach weil Geschriebenes viel stärker und nachhaltiger wirkt als bloß Gedachtes oder Gesprochenes.

Und warum nicht mit Deiner linken Hand?

Wer weiß, vielleicht wunderst Du Dich, wenn dabei ganz andere Inhalte zutage treten, als mit Deiner rechten Hand – ganz andere auch, als Du erwartet hättest.

Und vielleicht hast Du Freude an den Schätzen, die Du so entdeckst, und kannst diese „Geistigen Perlen", die Du über Deine linke Hand ans Tageslicht = in die Bewusstheit bringst, tatsächlich genießen...

3. AFFRAGE:

Und natürlich kannst Du auch eine AFFRAGE für Deine nähere Zukunft ziehen (oder eine Seite in diesem Buch aufschlagen): das also, was demnächst an Aktualität gewinnen wird – und worauf es sinnvoll sein mag, Dich vorzubereiten.

Und wenn Du genauso neuhungrig bist wie ich, dann möchtest Du vielleicht auch dazu wieder Deine linke Hand befragen...

6 Fragen-Orakel

Möchtest Du Dir noch mehr Zeit nehmen?

Und noch intensiver mit Deinem AFFRAGEN ORAKEL spielen?

Dann könntest Du die Drei-Fragen-Variante noch etwas erweitern.

Etwa indem Du Dir zusätzlich zur Vergangenheits-, Gegenwarts- und Zukunfts-AFFRAGEN noch drei weitere gönnst:

* eine, die Dir Deine Blockaden bewusst macht,

* eine, die Dich auf Deine Ressourcen hinweist

* und noch eine unter dem Titel „Rat meiner SEELE".

4. AFFRAGE:

Die AFFRAGE, die Du zu Deinen Blockaden bekommst, könnte ein Thema ansprechen, bei dem Du Dir selbst im Weg stehst – oder einer anderen Person erlaubst, Dir im Weg zu stehen.

Das kann etwas sein, von dem Dir klar ist, dass Du darin den Idealzustand, den Du Dir wünschst, noch nicht (ganz) erreicht hast.

Es könnte aber auch ein Schattenbereich sein, der Dir im Moment gar nicht so wesentlich erscheint, weil Du da einen „blinden Fleck" hast – aber vielleicht möchte Deine SEELE, dass Du jetzt genau dahin schaust...

Vielleicht erhältst Du die AFFRAGEN-Karte:

„Warum sind wir so glücklich miteinander?"

Und wunderst Dich, weil Du eigentlich der Ansicht bist, Deine Beziehung sei aktuell recht gut...

Dann könnte es wertvoll sein, einmal tief in Dich hinein zu spüren, um vielleicht doch verborgene (weil verdrängte) Aspekte zu entdecken.

Vielleicht ist irgendetwas in der Beziehung mit Deinem Du doch nicht so ideal...

Wäre es dann nicht sinnvoll, etwas zur Harmonisierung zu unternehmen?

Aber vielleicht möchte Dich diese AFFRAGE ja auch dazu anregen, Deine Beziehung mit Dir selbst zu hinterfragen...

5. AFFRAGE:

Mit der AFFRAGE, die Du für Deine Ressourcen bekommst, meine ich sowohl innere Ressourcen: etwa Deine eigenen Stärken, Fähigkeiten und Talente.

Aber auch äußere Ressourcen wie die Unterstützung, die Dir zukommt, wenn Du Dich dafür öffnest.

Was könnte Dir in Deiner derzeitigen Lebenssituation helfen, jene Qualitäten zu entwickeln, die jetzt aktuell und gebraucht werden?

Und wer möchte Dich dabei unterstützen?

Nehmen wir an, Du bekommst die AFFRAGE:

„Warum fühle ich mich so zentriert?"

Dann könnte dies ein Hinweis darauf sein, bewusst mehr darauf zu achten, in Deiner Mitte zu bleiben.

Würde Dir diese Tatsache nicht auch dabei helfen, zu wissen, was Du willst, wenn dieses Thema der Gegenwarts-Hinweis war?

Und wäre Dir Deine Zentriertheit nicht auch hilfreich, wenn es darum geht, dass sich Deine Wünsche erfüllen oder dass Du an Deine Zukunft glaubst?

Welche Anregungen hat Deine linke Hand dazu?

6. AFFRAGE:

Bist Du vielleicht ebenso „hungrig" nach SEELEN-Impulsen und Botschaften aus der Geistigen Welt wie ich?

Dann möchtest Du vielleicht noch einen zusätzlichen Rat Deiner SEELE einholen – einen nämlich, bei dem Du keine Vorgaben wie eine bestimmte Zeitperiode oder ein spezielles Thema im Sinn hast...

Hast Du Lust, Deine SEELE einfach danach zu fragen, was sie Dir hier und jetzt vermitteln und ans Herz legen möchte?

Diese Antwort kann, muss aber nicht in Bezug zu den anderen Karten stehen.

Und wer weiß, vielleicht hast Du ja bereits Deine ersten positiven Erfahrungen mit dem „Dialog der Hände" gemacht, sodass Du nun auch im Zusammenhang mit dieser AFFRAGE Deiner SEELE erlauben möchtest, über Deine linke Hand zu Dir zu sprechen.

Nehmen wir an, Du hast diese AFFRAGE zu Deiner Gegenwart bekommen:

„Warum liebe ich mich?"

Und als Rat Deiner SEELE kam:

„Warum ist mein inneres Kind so glücklich?"

Dann stehen diese beiden Karten offenbar in einem direkten Zusammenhang.

Wäre es dann nicht wertvoll, nicht nur Deine Eigenliebe zu nähren, sondern dabei auch ganz speziell Dein inneres Kind zu verwöhnen und mit bedingungsloser Liebe zu überschütten?

Was generell Deiner Selbstliebe sehr zugute kommen wird.

Aber vielleicht bekommst Du diese AFFRAGE als SEELEN-Rat:

„Warum fühle ich mich so mächtig?"

Und als Gegenwarts-Thema :

„Warum bin ich so kreativ?"

Dann scheinen diese beiden Themen zwar nicht unbedingt in einem direkten Zusammenhang zu stehen…

Aber gehört zur Eigenermächtigung, zu der Dich diese AFFRAGE anregen möchte, nicht auch eine gewisse Kreativität dazu?

Ist es nicht so, dass wir umso mächtiger sein werden, je mehr Früchte in uns zur Reife kommen?

Sagen wir, Du bekommst als Gegenwarts-AFFRAGE:

„*Warum fühle ich mich so behütet?*"

Und als speziellen SEELEN-Rat die AFFRAGE:

„*Warum bin ich so zuversichtlich?*"

Dann lässt sich doch auch zwischen diesen beiden Themen eine gewisse Resonanz erkennen.

Und das gilt wohl auch, wenn Du als Rat Deiner SEELE diese AFFRAGE bekommst:

„*Warum bin ich so hingabefähig?*"

Oder Du bekommst diese AFFRAGE als SEELEN-Rat:

„*Warum sind wir einander so nahe?*"

Dann braucht es etwas mehr Phantasie, um den Zusammenhang zu Deinem Gefühl, wohlbehütet zu sein, herzustellen.

Aber könnte nicht auch dieses Spiel spannend sein?

Vielleicht ja auch unter Miteinbeziehung Deiner linken Hand?

Lass Deiner Phantasie freien Lauf!

Zeitlinien-Orakel

Besonders wertvoll wird das AFFRAGEN ORAKEL bei Entscheidungen sein, wenn Du also vor einer Wahl stehst und nicht sicher bist, welche Option die klügere ist.

Jede Entscheidung, die wir treffen, öffnet uns eine Tür zu einem neuen Erfahrungsraum – und die Frage ist dabei, welcher von den uns zur Wahl stehenden am besten zu unserem SEELEN-Plan passt; welcher uns am besten hilft, unser Potenzial zu entfalten.

Dann kannst Du zu jeder Option eine AFFRAGE zu Rate ziehen – und unbedingt auch Deine linke Hand miteinbeziehen.

Nehmen wir an, Du bekommst für die erste Option:

„Warum bin ich so dankbar?"

Für die zweite:

„Warum glaube ich so an meine Zukunft?"

Und für die dritte:

„Warum weiß ich, wie wertvoll ich bin?"

Nun fragt sich natürlich, in welchem Bezug diese drei AFFRAGEN zu Deiner Entscheidungs-Situation stehen.

Dazu kann es wertvoll sein, zu jedem dieser drei Impulse FRANTWORTEN zu finden und – möglichst mit Deiner linken Hand – zu notieren.

Und dann kannst Du Dich in die drei Optionen mit ihren AFFRAGEN und den FRANTWORTEN, die Dir dazu in den Sinn gekommen sind, hineinfühlen – und wirst vermutlich eine Vorliebe wahrnehmen können.

Vielleicht auch erst, wenn Du eine Nacht „darüber schläfst".

Beziehungs-Orakel

Eines der wichtigsten Themen jener, die ein Orakel konsultieren – sei es, dass sie zu einer Kartenlegerin, einem Astrologen oder einer Wahrsagerin gehen; oder sei es, dass sie selbst ihre Orakel befragen – sind Beziehungen.

* Dabei kann es um eine bestehende Beziehung gehen, in der es Probleme gibt, für die sie sich Hilfe erwarten.

* Oder es geht um ein neues Du, bei dem sie nicht sicher sind, ob dieses vielversprechend ist oder eine Enttäuschung zu erwarten ist.

* Aber es kann auch einfach die Frage sein, ob und wenn ja, wann ein Wunschpartner zu erwarten ist.

Wenn Du Dich mit einer dieser Fragen befasst, dann kann Dir das AFFRAGEN ORAKEL in Kombination mit dem „Dialog der Hände" wertvolle Dienste erweisen.

Nehmen wir an, Du bekommst die AFFRAGE:

„Warum verfolgen wir gemeinsame Ziele?"

Dann kann dies bei einer bestehenden und problematischen Partnerschaft darauf hindeuten, dass Ihr danach trachten solltet, Eure Ziele aufeinander abzustimmen.

Wenn es hingegen darum geht, einen potenziellen Partner zu hinterfragen, könnte es ein Hinweis sein, das Thema Ziele anzusprechen – etwa ob sich beide Kinder wünschen oder nicht; ob es beiden wichtig ist, zu reisen…

Und wenn es um den Wunsch nach einer neuen Beziehung geht, könnte dies darauf hinweisen, dort Ausschau zu halten, wo Du jemanden entdecken kannst, der oder die dieselben Interessen hat wie Du…

Bei all diesen Hinweisen, gilt es FRANTWORTEN auf diese AFFRAGE zu finden und diese auch mit dem „Dialog der Hände" weiter zu behandeln.

Kommt hingegen die AFFRAGE:

„Warum fühlen wir uns so wohl miteinander?"

Dann ist dies ein Hinweis darauf, dass es vor allem um dieses Wohlgefühl geht – also um Resonanz in der Ausstrahlung.

Du kennst sicher das Phänomen, dass Du Dich mit manchen Menschen automatisch wohl und zuhause fühlst; während Du bei anderen eher Die Tendenz hast, auf Abstand zu gehen.

Wenn sich diese AFFRAGE in einer bestehenden, problematischen Partnerschaft zeigt, könnte dies ein Hinweis sein, zu hinterfragen, wo dieses Wohlgefühl – das zu Beginn wohl vorhanden war, sonst wärt Ihr wohl nicht zusammen gekommen – geblieben ist; also was geschehen ist, dass sich dies geändert hat.

Bei einem neuen Du würde ich meinen, dass Du Dich vor allem auf Dein Gefühl verlassen solltest – also weniger auf Aussehen, Status oder Ähnliches zu achten, als darauf, wie Du Dich mit ihm oder ihr fühlst.

Und wenn Du auf der Suche bist, dann wäre dies ähnlich – dann könnte eine FRANTWORT sein:

„Vielleicht weil ich eine Gänsehaut bekomme, wenn er (oder sie) mich berührt?"

Oder auch:

„Vielleicht weil ich mich in seiner (oder ihrer) Gegenwart zugleich entspannt und angeregt fühlt?"

All diese Beispiele mögen Dir vor allem Appetit machen, Deiner eigenen Phantasie freien Lauf zu lassen und eigene Fragen zu finden – sowohl Deine eigenen AFFRAGEN und FRANTWORTEN; als auch eigene Fragen an Dein AFFRAGEN ORAKEL ☺.

Spiel mit vierundvierzig AFFRAGEN

Es liegt mir fern, Dich im Spiel mit dem AFFRAGEN ORAKEL zu bevormunden.

Wäre das nicht ganz und gar im krassen Widerspruch zu meiner Lebensphilosophie?

Aber wie wäre es, wenn wir – Du und ich gemeinsam – in einen virtuellen Dialog eintreten würden?

Wäre es nicht bereichernd, wenn ich Dir einige meiner Assoziationen verrate?

Und Du mir dafür Deine?

Darf ich Dir übrigens an dieser Stelle ans Herz legen, im Spiel mit dem AFFRAGEN ORAKEL immer zuerst Deine eigenen FRANTWORTEN zu finden, ehe Du Dir meine zu Gemüte führst?

Jaja, ich weiß, Tipps wie diese befolge ich in meiner größten Stärke, meiner Ungeduld, leider auch nicht immer ☺.

Deine Gehirnrinde wird auch ohne meine geistigen Ergüsse allerlei Gründe dafür finden, warum Du so ausgeglichen, so erfolgreich oder so glücklich bist; warum Deine Wünsche in Erfüllung gehen, Du mit Deinem Du so glücklich bist oder Dein Körper so schön, gesund und energiegeladen ist…

Dennoch erlaube ich mir, Dir hier einige meiner möglichen FRANTWORTEN zu verraten – vielleicht decken sie sich ja teilweise mit Deinen; oder sie regen Dich zu neuen an.

Das würde den in uns allen bis zu einem gewissen Grad wirksamen Wunsch nach Ähnlichkeit und Harmonie durchaus entgegen kommen und Dich Endorphine ausschütten lassen; die wiederum Deine Hirnrinde aktivieren und Dein Herzfeld magnetisch machen für all das, was Du Dir wünschst…

Wie gesagt: wir lernen durch Wiederholung.

Aber vielleicht gibt es unter meinen FRANTWORTEN auch einige, die Dich zu weiteren Assoziationen anregen und in Dir bisher verborgen gebliebene Erkenntnisse und Einsichten aus dem Winterschlaf „küssen".

Wer weiß, vielleicht beschert Dir die Auseinandersetzung mit meinen FRANTWORTEN ja manches Aha-Erlebnis?

Oder auch mal ein Aja-Erlebnis?

Und könnte es nicht sein, dass sie darüber hinaus den spielerischen Ehrgeiz Deines inneren Kindes weckt, noch mehr eigene FRANTWORTEN zu finden?

Mein inneres Kind würde sich jedenfalls sehr, sehr darüber freuen ☺.

FRANTWORTEN-Beispiele

Auf den nächsten 44 Seiten findest Du die AFFRAGEN dieses Orakels, die es eines Tages vielleicht auch wieder als Kartenset gibt.

Aber Du kannst auch jeweils eine dieser Seiten aufschlagen oder an eine Zahl zwischen 1 und 44 denken und dann die jeweilige AFFRAGE lesen – und dann Deine FRANTWORTEN finden…

Finde möglichst immer zuerst Deine eigenen FRANTWORTEN und spiele ausgiebig damit, ehe Du Dich zu weiteren Erkenntnissen, Einsichten und Aha-Erlebnissen von meinen Beispielen inspirieren lässt.

Wie Du sehen wirst, habe ich nach meinen Beispielen immer auch etwas Platz für Deine eigenen Notizen gelassen.

So kannst Du Dir Deine eigenen Assoziationen notieren, was sehr hilfreich sein mag, wenn Du – in welchem Zusammenhang auch immer – die entsprechende Karte neuerlich ziehst oder die jeweilige Seite wiederholt aufschlägst.

Und darf ich Dich noch einmal an den „Dialog der Hände" erinnern?

Er wird Dir helfen, noch weitere Assoziationen zu finden: aus Deiner rechten Gehirnhälfte, aus Deinem Herzen – oder auch mal von einer anderen Person, wenn es um eine Beziehungs-Thematik geht.

Dazu schreibe dieser Person mit Deiner dominanten, rechten Hand einen Brief, indem Du sie nach ihrer Meinung fragst – und dann lass sie Dir über Deine linke Hand antworten!

Wenn Du linkshändig bist, kannst Du beide Briefe mit Deiner linken Hand schreiben; oder Du wechselst auch in diesem Fall die Schreibhand.

Karte 1

Warum ist unsere Liebe so innig?

Vielleicht weil wir uralte Liebende sind, in Liebe verbunden seit Äonen und einander in vielen Inkarnationen immer näher gekommen?

Vielleicht weil wir füreinander bestimmt und klar aufeinander eingestimmt sind?

Vielleicht – wenn ich Single bin – weil ich gelernt habe, mich wirklich bedingungslos zu lieben?

Vielleicht weil ich wirklich eins bin mit mir selbst?

Karte 2

Warum weiß ich, was ich will?

Vielleicht weil ich mich dessen als wert erkannt habe?

Vielleicht weil ich es mir erlaube, mein Leben bewusst zu gestalten?

Vielleicht weil ich in die volle Eigenverantwortlichkeit gefunden habe?

Vielleicht weil ich erkannt habe, dass ich erst dann bekomme, was ich will, wenn ich weiß, was ich will?

Karte 3

Warum fühle ich mich so angenommen?

Vielleicht weil ich mir nun endlich dieses Gefühl erlaube, nachdem ich mich allzu lang dagegen gewehrt habe?

Vielleicht weil ich es tatsächlich wert bin, angenommen zu werden?

Vielleicht weil ich mich selbst lebe und mich in diesem Michselbst-Leben auch selbst voll und ganz annehme?

Karte 4

Warum sind wir einander so zugetan?

Vielleicht weil wir derselben SEELEN-Familie angehören?

Vielleicht weil wir seit Äonen einander in Liebe verbunden sind?

Vielleicht – wenn ich Single bin – weil ich mir selbst voll und ganz vertrauen kann?

Vielleicht weil ich gelernt habe, mich selbst bedingungslos zu lieben?

Karte 5

Warum bin ich so eins mit mir?

Vielleicht weil ich voll und ganz zu mir stehen kann?

Vielleicht weil ich gelernt habe, meine verschiedenen Persönlichkeitsanteile in Harmonie zu bringen?

Vielleicht weil ich ganz und gar authentisch mich selbst lebe?

Karte 6

Warum ist mein Leben so ausgeglichen?

Vielleicht weil ich gelernt habe, meinen Stress zu lösen?

Vielleicht weil ich das, was auf mich zukommt – mir also zukommt – ohne Widerstand annehmen kann?

Vielleicht weil ich im Frieden bin mit mir selbst?

Vielleicht weil ich mein inneres Kind geheilt habe?

Karte 7

Warum glaube ich so an meine Zukunft?

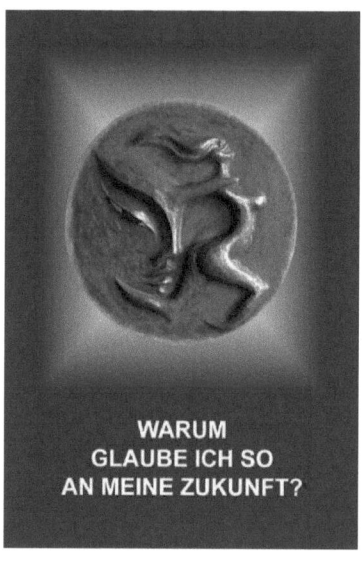

Vielleicht weil ich mir erlaube, sie bewusst mitzugestalten?

Vielleicht weil ich mich in diesem wohlwollenden Universum geborgen und gut aufgehoben fühle?

Vielleicht weil ich es verdient habe, glücklich zu sein und das Beste aus allem zu machen, was mir das Leben bietet?

Karte 8

Warum fühle ich mich so mächtig?

Vielleicht weil ich erkannt habe, dass nur ich selbst über mein Leben bestimme?

Vielleicht weil bereit bin, die volle Verantwortung für mich und mein Leben anzunehmen?

Vielleicht weil ich genau weiß, was ich will und darauf vertraue, dass ich das auch tatsächlich manifestieren kann?

Karte 9

Warum fühle ich mich in und mit mir so wohl?

Vielleicht weil ich gelernt habe, mich liebevoll anzunehmen, so wie ich bin?

Vielleicht weil ich mir erlaube, mich zu lieben, wertzuschätzen und zu achten?

Vielleicht weil ich in Harmonie mit mir schwinge?

Vielleicht weil ich ein authentisches Leben führe?

Karte 10

Warum bin ich so zufrieden?

Vielleicht weil ich gelernt habe, authentisch zu sein?

Vielleicht weil ich mir erlaube, mich so anzunehmen, wie ich bin?

Vielleicht weil mich meine Zufriedenheit mehr von all dem Positiven in meinem Leben erkennen lässt?

Karte 11

Warum fühlen wir uns so wohl miteinander?

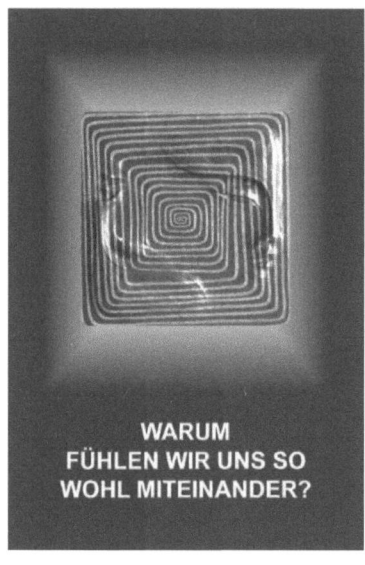

Vielleicht weil wir in wunderschöner Resonanz schwingen?

Vielleicht weil wir wissen, dass wir uns in der Gegenwart des anderen ganz und gar entspannen können?

Vielleicht weil wir einander voll und ganz vertrauen können?

Vielleicht weil wir uns einander bedingungslos hingeben?

Karte 12

Warum bin ich so dankbar?

Vielleicht weil mir klar geworden ist, dass Dankbarkeit Dankenswertes anzieht?

Vielleicht weil mein Leben erfüllt ist von Menschen, Dingen, Tatsachen, für die ich nur dankbar sein kann?

Vielleicht weil mich die selektive Wahrnehmung von Dankenswertem immer noch mehr erkennen lässt, wofür ich dankbar sein kann – und bin?

Karte 13

Warum erreiche ich meine Ziele?

Vielleicht weil ich gelernt habe, mich nicht auf das zu fokussieren, was ich nicht mehr möchte, sondern auf das, was ich stattdessen will?

Vielleicht weil ich weiß, wie ich mein Herzfeld durch die entsprechende Aufmerksamkeit in Resonanz mit meinen Zielen bringe?

Vielleicht weil ich mich dessen als wert erachte?

Karte 14

Warum bin ich so zentriert?

Vielleicht weil ich gelernt habe, mich aus dem Trubel des Alltags in meine eigene Mitte zurückzuziehen?

Vielleicht weil ich es liebe, in meiner Mitte zu ruhen und mir diese Erfahrung möglichst oft schenken möchte?

Vielleicht weil ich erkannt habe, dass ich in meiner Zentriertheit mehr Produktivität und Entwicklungs-Potenzial zugänglich habe?

Karte 15

Warum ist mein Leben so erfüllt?

Vielleicht weil ich weiß, dass alles gut ist?

Vielleicht weil ich gelernt habe, dorthin zu schauen, wo ich Erfüllung erkennen kann?

Vielleicht weil mir klar geworden ist, dass ich es verdiene, ein erfülltes Leben zu führen?

Karte 16

Warum weiß ich, wie wertvoll ich bin?

Vielleicht weil ich danach trachte, ein wertvoller Mensch zu sein?

Vielleicht weil es viele Menschen gibt, die mir das versichern?

Vielleicht weil ich mein Selbstwertgefühl geheilt habe?

Karte 17

Warum fühle ich mich so wertgeschätzt?

Vielleicht weil ich danach trachte, ein wertvoller Mensch zu sein?

Vielleicht weil ich gelernt habe, Wertschätzung von anderen als solche zu erkennen und auch dankbar anzunehmen?

Vielleicht weil ich es mir wert bin, Wertschätzung zu erfahren – die von anderen aber auch meine eigene?

Karte 18

Warum haben wir einander endlich gefunden?

Vielleicht weil wir an unsere Liebe geglaubt haben?

Vielleicht weil wir seit Ewigkeiten für einander bestimmt sind?

Vielleicht weil wir uns der Erfüllung dieser tiefen Liebe als wert erachten?

Karte 19

Warum fühle ich mich so geliebt?

Vielleicht weil ich endlich gelernt habe, Liebe anzunehmen?

Vielleicht weil ich mich dessen als wert erachte?

Vielleicht weil ich selbst sehr liebevoll bin und sich meine Liebe auch im Außen spiegelt?

Karte 20

Warum habe ich so viel Geduld?

Vielleicht weil ich erkannt habe, dass Geduld der Lohn der Geduld ist?

Vielleicht weil ich gelernt habe, den Zustand der Geduld zu genieße?

Vielleicht weil ich gelernt habe, Vertrauen zu haben – und dieses Vertrauen mich geduldig sein lässt?

Karte 21

Warum weiß ich, was ich bewegen kann?

Vielleicht weil ich erkannt habe, wie viel ich zur Gestaltung meines Lebens beitragen kann?

Vielleicht weil mir klar geworden ist, dass ich ein hell strahlendes, liebevolles Göttliches Lichtwesen bin, das gerade eine materielle Erfahrung macht?

Vielleicht weil ich die Ausstrahlung meines Herzens – und damit das, was ich dem Gesetz der Resonanz folgend anziehe – selbst bestimmen kann?

Karte 22

Warum verfolgen wir gemeinsame Ziele?

Vielleicht weil wir wohltuend aufeinander eingestimmt sind?

Vielleicht weil wir ein resonantes Paar sind?

Vielleicht weil wir uns in Liebe auf eine glückliche gemeinsame Zukunft geeinigt haben?

Karte 23

Warum vertraue ich meiner Intuition?

Vielleicht weil ich erkannt habe, dass mein Leben dann runder läuft?

Vielleicht weil mir klar geworden ist, dass ich mich voll und ganz auf meine Intuition verlassen kann?

Vielleicht weil ich eingesehen habe, dass meine Intuition die Stimme meiner SEELE ist?

Karte 24

Warum bin ich so ausgeglichen?

Vielleicht weil etwas in mir fühlt, dass mein Leben im Großen und Ganzen gut ist?

Vielleicht weil ich oft im Nachhinein erkannt habe, dass sich das, was zuerst ganz und gar nicht in meinem Sinn schien, letztlich als Geschenk erwiesen hat – und ich mir angesichts dessen so manche Aufregung ersparen hätte können?

Vielleicht weil mir klar geworden ist, dass ich im ausgeglichenen Zustand mehr erreiche, Probleme leichter löse, Herausforderungen besser meistere?

Karte 25

Warum bin ich so aufmerksam?

Vielleicht weil ich erkannt habe, dass mir umso mehr positive, erfreuliche, beglückende Details in meinem Leben auffallen, je genauer ich hinsehe?

Vielleicht – wenn es um die Aufmerksamkeit anderen gegenüber geht – weil es mir wohl tut, anderen mit kleinen Aufmerksamkeiten Freude zu bereiten?

Vielleicht – wenn es um die Aufmerksamkeit mir selbst gegenüber geht – weil mein inneres Kind sich so über kleine Aufmerksamkeiten freut?

Vielleicht weil ich Aufmerksamkeiten anderer eher erkenne, wenn ich auch selbst aufmerksam bin?

Karte 26

Warum bin ich so zuversichtlich?

Vielleicht weil ich meiner Geistigen Führung, meiner SEELE vertrauen kann, dass sie immer auf mich achtet und mich – trotz aller Freiheit, die sie mir gewährt – vor Gefahren bewahrt?

Vielleicht weil noch so viel Gutes und Beglückendes auf mich wartet?

Vielleicht weil ich die Erfahrung gemacht habe, dass – anders als in dem dummen Sprichwort – immer etwas Besseres nachkommt?

Karte 27

Warum erfüllen sich meine Wünsche?

Vielleicht weil ich mich dessen als wert erachte?

Vielleicht weil ich in einem wohlmeinenden Universum lebe?

Vielleicht weil meine Wünsche die Vorboten der Fähigkeiten sind, die in mir schlummern und auf Verwirklichung warten – und meine Geistige Führung mich dabei unterstützt?

Karte 28

Warum fördern wir einander so sehr?

Vielleicht weil wir Freude am Gedeihen unseres Du empfinden?

Vielleicht weil wir erkannt haben, dass wir gemeinsam stärker sind?

Vielleicht weil ich – wenn ich Single bin – gelernt habe, mich selbst nicht mehr zu sabotieren, sondern in meiner Verwirklichung zu fördern?

Karte 29

Warum bin ich so hingabefähig?

Vielleicht weil ich erkannt habe, dass wahre Liebe nur in der Hingabe fließen kann?

Vielleicht weil sich auch mein Du mir hingibt?

Vielleicht weil ich mit meiner Hingabe meinem Du als gutes Beispiel vorangehen möchte?

Karte 30

Warum bin ich so kreativ?

Vielleicht weil ein ganz starker schöpferischer Funke in mir wirkt?

Vielleicht weil ich es genieße, etwas aus mir heraus zu gebären – was auch immer das sein mag?

Vielleicht weil Freude habe am Erblühen meiner Kreativität?

Karte 31

Warum bin ich so energiegeladen?

Vielleicht weil ich mich (über meine Fußwurzeln) bewusst an die Energie von Mutter Erde angeschlossen und mich mit ihrer fürsorglich nährenden Yin-Energie aufgeladen habe?

Vielleicht weil ich mich (über mein Scheitel-Chakra) mit kosmischer Energie aufgeladen habe und diese väterliche Yang-Energie mich aufrichtet, mir den Rücken stärkt und mich ermutigt?

Vielleicht weil ich sehr bewusst tief und regelmäßig atme und meinen Körper mit frischem Sauerstoff erfülle?

Karte 32

Warum ist unsere Liebe so erfüllt?

Vielleicht weil mein Du und ich uns einander wirklich hingeben, einander lieben und wertschätzen, für einander da sind und so viel Erfüllendes miteinander teilen?

Vielleicht weil wir gut auf das innere Kind unseres Gegenüber achten?

Vielleicht weil ich – wenn ich Single bin – gelernt habe, die Beziehung zu mir selbst liebevoll zu gestalten und mir all das zu geben, was ich mir wünsche?

Vielleicht weil ich gut auf mein inneres Kind achte?

Karte 33

Warum liebe ich mich?

Vielleicht weil ich mich als liebenswert erkannt habe?

Vielleicht weil ich nicht darauf warten möchte, dass andere mir ihre Liebe schenken, ehe ich mich ins Herz schließe?

Vielleicht weil ich erkannt habe, wie mich meine Selbstliebe auch anderen gegenüber liebevoller sein lässt?

Vielleicht weil sich meine SEELE das von mir und für mich wünscht?

Karte 34

Warum ruhe ich so in meiner Mitte?

Vielleicht weil ich erkannt habe, dass dieses ruhige „Zentrum des Zyklons" der sicherste Punkt ist, an dem ich mich in mir daheim fühlen kann?

Vielleicht weil ich es mir erlaube, regelmäßig zu meditieren und zur Ruhe zu kommen?

Vielleicht weil ich auch mein konsequentes körperliches Training dazu nütze, immer wieder in meine Mitte zu finden?

Karte 35

Warum gedeiht mein inneres Kind so?

Vielleicht weil es mir gelungen ist, mein inneres Kind zu heilen?

Vielleicht weil ich meinem inneren Kind all die Liebe schenke, die es sich wünscht?

Vielleicht weil ich meinem inneren Kind sehr viel Aufmerksamkeit schenke?

Vielleicht weil ich meinem inneren Kind Geborgenheit vermittle?

Karte 36

Warum strahle ich heute so sehr?

Vielleicht weil ich tief in meiner Liebe bin?

Vielleicht weil ich erkannt habe, dass ich mehr Beglückendes anziehe, wenn ich Glückseligkeit ausstrahle?

Vielleicht weil ich in jedem Augenblick Gründe suche und meist auch finde, glücklich zu sein?

Karte 37

Warum vertraue ich meiner Geistigen Führung?

Vielleicht weil ich erkannt habe, dass das immer der beste Weg ist?

Vielleicht weil ich weiß, dass meine SEELE mich liebt und an mich glaubt und immer nur das Beste für mich will?

Vielleicht weil ich gelernt habe, mein Ego in SEELEN-Resonanz zu bringen?

Karte 38

Warum glaube ich so sehr an unsere Liebe?

Vielleicht weil mein Herz mich an uns glauben lässt?

Vielleicht weil ich weiß, dass wir füreinander bestimmt sind?

Vielleicht weil auch Du an unsere Liebe glaubst?

Vielleicht, wenn ich Single bin, weil ich wirklich gelernt habe, mich selbst in Liebe anzunehmen?

Karte 39

Warum fühle ich mich so attraktiv?

Vielleicht weil ich auf meinen Körper achte und ihm Gutes zukommen lasse?

Vielleicht weil ich gelernt habe, meinen Körper so anzunehmen, wie er ist?

Vielleicht weil ich bewundernde Blicke wahrnehmen kann?

Vielleicht weil ich meine Körperlichkeit sehr zu schätzen weiß?

Karte 40

Warum bin ich so inspiriert?

Vielleicht weil ich mich für die Eingebungen der Geistigen Welt öffne?

Vielleicht weil ich meine rechte Gehirnhälfte aktiviert habe?

Vielleicht weil ich meist in Resonanz mit meiner SEELE schwinge?

Vielleicht weil ich Freude habe an meinen glänzenden Ideen?

Karte 41

Warum entfalte ich mein Potenzial freudig?

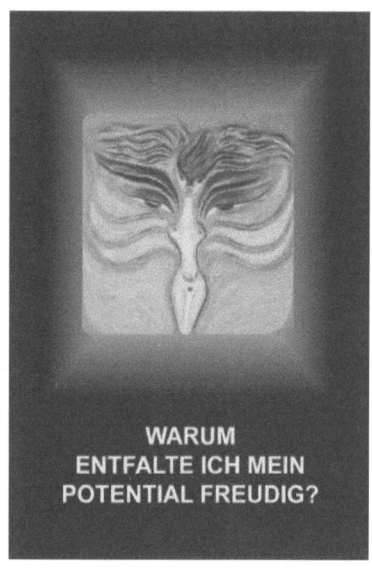

Vielleicht weil ich erkannt habe, dass ich auf der Welt bin, um mein Potenzial zu entfalten?

Vielleicht weil ich gelernt habe, an mich zu glauben?

Vielleicht weil ich Freude an der Umsetzung meiner Talente und Fähigkeiten habe?

Karte 42

Warum gehen wir so liebevoll miteinander um?

Vielleicht weil wir einander in tiefer Liebe verbunden sind?

Vielleicht weil es uns Freude macht, einander mit Liebe zu verwöhnen?

Vielleicht weil ich, wenn ich Single bin, erkannt habe, dass mich ein liebevoller Umgang mit mir selbst auch für andere liebenswerter macht?

Vielleicht weil ich erkannt habe, dass mir der liebevolle Umgang mit mir selbst sehr, sehr wohl tut?

Karte 43

Warum fühle ich mich so beschützt?

Vielleicht weil ich die fürsorgliche Kraft meines Krafttieres wahrnehmen kann und mich in seiner Energie gut aufgehoben fühle?

Vielleicht weil ich tief in mir weiß, dass ich in einem gütigen, wohlwollenden Universum lebe?

Vielleicht weil ich fühle, dass mich meine Engel mich ständig umgeben und auf mich Acht geben?

Karte 44

Warum fühle ich mich so entspannt?

Vielleicht weil ich regelmäßig meditiere?

Vielleicht weil ich weiß, dass meine Geistigen Begleiter immer über mir wachen?

Vielleicht weil ich fühle, dass meine SEELE auf mich Acht gibt?

Danksagung!

Mein ganz großes DANKE
gilt wieder und aus tiefstem HERZEN Dir,
meiner wunderbaren Tochter Simone Teresa <3

Ohne Dich hätte ich weder mein AFFRAGEN ORAKEL
noch dieses dazugehörige Buch herausgeben können!

Möge dieses Orakel
sowohl als Buch als auch
– hoffentlich bald wieder –
in Form des Karten-Decks
vielen Menschen Freude bereiten,
und sie auf ihrem Weg
in die Bewusstseinserweiterung
sehr hilfreich begleiten und anregen!

Möge es helfen,
das in ihnen angelegte Potenzial
zu erkennen und mit viel Kreativität zu entfalten
und so zu einem erfüllteren Leben zu finden!

Danke auch HERZlich meiner Verlegerin
und lieben Freundin Angelina Schulze,
die mich in unserem fruchtbaren Zusammenspiel
immer wieder fordert und fördert;
von der ich so vieles lernen durfte, und
ohne die es die meisten meiner Bücher nicht gäbe.

Und danke auch Dir, die oder der Du Dich
für dieses Buch entschieden hast
und Dich für all die wertvollen Impulse
aus der Geistigen Welt öffnest!

Kontakt zur Autorin

Dr. Michelle HAINTZ

Wer bin ich?

Als ursprünglich ausgebildete Ärztin bin ich heute vorwiegend als Autorin, Medium und bildende Künstlerin tätig. Parallel bringe ich mich Persönlichkeits-Trainerin ein: in Seminaren, Gruppen und der Einzelbegleitung.

Worin sehe ich meine Lebensaufgabe?

Ich begleite Menschen, die in Resonanz mit mir schwingen, in die freudige und lustvolle Entfaltung ihres Potenzials. Dabei geht es um Bewusstseinserweiterung, Stressbewältigung sowie Kreativitätstraining – und mein wichtigstes Credo ist dabei:

„Wir brauchen nicht über uns selbst hinaus zu wachsen, wir sind groß genug. Es reicht, wenn wir damit aufhören, uns selbst kleiner zu machen, als wir sind; aber auch Anderen nicht mehr erlauben, uns klein zu machen. Es gilt also letztlich, unsere wahre Größe einzunehmen, indem wir in uns selbst hineinwachsen!"

Wichtige Ansprechpartner sind HSP (hochsensible und hochsensitive Persönlichkeiten), Empathen, Menschen, die als „alleingeborener Zwilling" zur Welt gekommen sind sowie Scanner Persönlichkeiten.

Meine Webseiten sind:

https://michellehaintz.com/

https://seelenfitness.info/

https://hsp-test.info/

https://alleingeborener-zwilling.com/

https://lebenswert365.info/

E-Mail:

michelle@lebenswert365.info

dr.michelle.haintz@aon.at

Weitere Bücher auf meiner Autorenseite auf Amazon:

https://seelenfitness.info/Michelle-Haintz-Amazon

Und hier sind drei Übersichten über meine Produkte:

https://seelenfitness.info/produktuebersicht-haintz/

https://lebenswert365.info/produktseite-lw/

https://lebenswert-oase.com/

YouTube:

https://www.youtube.com/@galaktischebotschaftenderliebe

https://lebenswert365.info/alleingeborener-zwilling

https://lebenswert365.info/gut-leben